VLM

Bernard Ruffin

O Gott, Dir sei Ehre!

Das Leben der blinden Liederdichterin Fanny Crosby

VLM

Verlag der Liebenzeller Mission
Lahr

Die Deutsche Bibliothek – CIP-Einheitsaufnahme

Ruffin, Bernard:
O Gott, Dir sei Ehre! : das Leben der blinden Liederdichterin Fanny Crosby / Bernard Ruffin. [Übers. aus dem Amerikan. von Ute Tiede]. – Lahr : Verl. der Liebenzeller Mission, 1999
(TELOS-Bücher ; Nr. 2408 : TELOS erzählende Paperback)
Einheitssacht.; Fanny Crosby – the hymn writer >dt.<
ISBN 3-88002-689-0

Die amerikanische Originalausgabe erschien unter dem Titel „Fanny Crosby – The Hymn Writer" bei Barbour Publishing, Inc. Uhrichsville, Ohio

Übersetzung aus dem Amerikanischen von Ute Tiede, Schöneck

ISBN 3-88002-689-0

TELOS-Bücher
TELOS-Paperback 72 408

im Verlag der St.-Johannis-Druckerei, Lahr
Umschlaggestaltung: Grafisches Atelier Arnold, Dettingen
Gesamtherstellung:
St.-Johannis-Druckerei, 77922 Lahr
Printed in Germany

Inhalt

Einführung

Wir schreiben das Jahr 1910 und befinden uns in Perth Amboy im Staate New Jersey. Ein Droschkenkutscher hält seine Pferde an, um zwei Reisende aufzunehmen: einen Geistlichen mittleren Alters und eine verhutzelte alte Frau, offensichtlich blind, zerfurcht, unglaublich abgezehrt und extrem gebeugt von der Bürde ihres hohen Alters. Während die Kutsche zum Eisenbahndepot holpert, fällt dem Kutscher an dieser Greisin etwas Ungewöhnliches auf: die Stimme, mit der sie zu dem Geistlichen spricht, ist nicht etwa trocken und zittrig, sondern klar und hoch, weich und jung. Der Geist der Dame ist so frisch und jung wie ihre Stimme und weit entfernt von Senilität. Offensichtlich ist sie eine Frau von ausgeprägtem Intellekt und kultiviertem Wesen. Sie diskutiert mit dem Geistlichen über eine theologische Frage. Der Kutscher, der dem, was sie sagt, mehr Beachtung schenkt als dem Weg, hört dem Humor und der Weisheit der alten Dame aufmerksam zu.

»Dies ist Fanny Crosby, die Liederdichterin«, teilt ihm der Pfarrer mit. Der Droschkenfahrer ist überwältigt. Er nimmt seinen Hut ab und lässt seinen Tränen freien Lauf. Als sie am Bahnhof ankommen, winkt er einen Polizisten herbei. »Dies ist Miss Fanny Crosby, die das Lied ›Sicher in Jesu Armen‹ gedichtet hat. Bitte helfen Sie den Beiden und geleiten Sie sie sicher zum Zug.«

Der Polizist ist ebenfalls tief beeindruckt. »Aber gerne!« Mit stockender Stimme setzt er hinzu: »Wir sangen Ihr Lied ›Sicher in Jesu Armen‹ letzte Woche anlässlich der Beerdigung meiner kleinen Tochter«.

Er schaut zu Boden mit geröteten glänzenden Augen. »Tante Fanny« umfasst seine riesigen Arme mit ihren zierlichen Händen und sagt mit viel Gefühl und Zärtlichkeit: »Mein Junge – ich nenne alle Polizisten und Eisenbahnleute ›meine Jungen‹ –, sie kümmern sich so lieb um mich, egal, wohin ich unterwegs bin. Gott segne dein liebes Herz! Ich werde für dich beten. Und sage deiner lieben Frau, dass euer liebes kleines Mädchen ›sicher in Jesu Armen‹ ist.« Der Wachtmeister schämt sich seiner Tränen nicht.

Wer war Fanny Crosby, diese ungewöhnliche kleine Dame, gekleidet in der Mode von vor siebzig Jahren, mit der grünen

Brille und dem Kruzifix auf der Brust? Wer war diese blinde Frau, deren Name den Leuten auf der Straße bekannt war und die so verehrt wurde?

In den fünfundneunzig Jahren ihres Lebens schrieb Fanny Crosby etwa neuntausend Choräle – mehr als irgendjemand in der aufgezeichneten Geschichte der Christenheit – und mehr als eintausend weltliche Gedichte.

Dies ist die Geschichte einer fast von Geburt an blinden Frau von bescheidener Herkunft, die als Dichterin, Pädagogin und Musikerin schon Berühmtheit erlangte, bevor sie in der gesamten Englisch sprechenden Welt als Liederdichterin und letztendlich fast als Heilige bekannt wurde.

Auch in Deutschland wurden einige ihrer Lieder bekannt. Sie wurden von Johanna Meyer übersetzt. Die bekanntesten sind: »Sicher in Jesu Armen«, »Seligstes Wissen, Jesus ist mein« und »O Gott, dir sei Ehre!«

Das blinde Mädchen

Im Jahre 1820 war Southeast im Bezirk Putnam des Staates New York eher ein geographischer Distrikt als eine Stadt. Die Gegend war ländlich und bestand aus Wald und Ackerland mit ein paar winzigen Dörfern hier und dort. Das größte Dorf war Doanesburg, zu jener Zeit ein aufstrebendes Zentrum mit einer presbyterianischen Kirche, einer Pfarrei, einer Poststelle, einer Schule und sogar einer Bücherei.

Die Landschaft um Doanesburg war gesprenkelt mit Bäumen und abgegrenzt mit den für Neuengland so typischen Steinmauern. Die Erde war nicht sehr fruchtbar und gab mehr Steine als Feldfrüchte her, und so war das Überleben für einen Kleinbauern praktisch unmöglich. Viele Männer verdingten sich entweder als Knechte auf den Gütern eines der großen Landeigentümer oder taten sich mit Vätern, Brüdern oder Cousins zusammen, um gemeinsam eine große Fläche Land zu bewirtschaften. Im Jahre 1820 waren die meisten der über 1 900 Bewohner von Southeast »Bauern«. In jenen Tagen hatte der Begriff noch nicht die herabwürdigende Bedeutung, die er heute hat; er bezeichnete ganz einfach das arbeitende Landvolk. In späteren Jahren sprach Fanny Crosby oft von den »bescheidenen Bauern«, von denen sie abstammte.

Fast alle Bewohner in Southeast waren aus »solidem Yankeeholz« geschnitzt, Nachfahren der ersten Siedler der Massachusetts Bay-Kolonie und weitgehend englischer Abstammung. In Bezug auf die Familien war das Gebiet von Clans bevölkert, und 1820 war scheinbar praktisch jedermann miteinander verwandt. Es gab in der Gegend nur ein paar Dutzend Namen, und manche Familien waren sehr groß. Der größte der Clans von Southeast war die Familie Crosby, die elf Haushalte zählte. Manchmal lebten die verschiedenen Familien, die einen Clan bildeten, nahe beieinander in einer Siedlung, die ihren Namen trug. Die Gemeinde, in der Fanny Crosby geboren wurde, war nach dem Gay-Clan benannt, welcher dort stark vertreten war.

Die Männer trugen schwarze Kleidung und die meisten waren stolz auf ihre langen Vollbärte. Die Frauen trugen ebenfalls schwarz, und ihre »baskischen Kleider« mit steifen weißen Kragen und Manschetten waren vorne vom Hals bis zur Hüfte durchgeknöpft.

Diese Bauern in Southeast waren ein gottesfürchtiges Volk. Die presbyterianische Kirche lehrte noch die fast unverfälschte puritanisch-calvinistische Doktrin mit ihren Grundsätzen der »unwiderstehlichen Gnade«, der »doppelten Prädestination« und der Notwendigkeit eines eindeutigen persönlichen Bekehrungserlebnisses.

Obwohl die Menschen arm waren, waren sie gebildet und schafften es irgendwie, zwischen den langen Stunden voll schwerer Arbeit einige Jahre in der kleinen roten Bezirksschule zu verbringen. Dort wurden die Kinder von Southeast von einem Mann oder einer Frau unterrichtet, die selbst kaum über das fortgeschrittene Schulunterrichtsniveau hinaus gekommen waren. Aber wie sie lernten! Diese »bescheidenen Bauern«, von denen nur wenige über die sechste Klasse hinaus zur Schule gingen, lasen und schrieben Gedichte, wenn sie an Winterabenden nach getaner Arbeit am Feuer saßen.

Sie konnten sowohl Milton und Shakespeare als auch Chapmans *Homer* rezitieren. Sie alle kannten Bunyans Klassiker *Die Pilgerreise* und natürlich die King-James-Übersetzung der *Heiligen Bibel.*

Eine halbe Stunde Fußweg entfernt von Doanesburg entlang einer gewundenen Straße lag die als Gayville bekannte Siedlung. Eines der etwa sechs Anwesen in diesem bewaldeten Paradies war ein kleines, grobes eingeschossiges Holzhaus. Es lag nahe dem Kamm eines Berges und schaute auf eine baumbestandene Hügellandschaft hinaus. Dahinter lag ein offenes Feld, das von einem Urwald voller hoch aufragender Eichen und Ahornbäume mit dichtem Unterholz umgeben war.

Dies war das Heim von Sylvanus Crosby, der ein Veteran des Krieges von 1812 und wahrscheinlich Mitte Vierzig war. Er war ein armer Mann, der sich mit seiner Landarbeit kümmerlich durchschlug und für sich beanspruchte, in direkter Linie von William Brewster, einem der Pilgerväter, abzustammen. Brewster war 1620 mit der *Mayflower* angekommen und hatte mitgeholfen, Plymouth Plantation zu gründen. Gegen Ende des siebzehnten Jahrhunderts heiratete eine seiner Nachkommen, namens Patience Freeman, Eleazer Crosby.

Eleazer hatte einen Sohn namens Isaac, der 1719 in Harwich nahe Cape Cod geboren wurde. Kurz darauf zog die Familie nach New Milford im Staat Connecticut und danach weiter nach Southeast im Staat New York. Es gibt keine Aufzeichnungen darüber, wie lange Eleazer gelebt hat, aber seine Frau Patience wurde einhundertdrei Jahre alt und machte noch als über Achtzigjährige allein zu Pferd Verwandtenbesuche auf Cape Cod.

Isaac Crosby heiratete eine Frau namens Mercy Foster, die ihm neunzehn Kinder gebar. Das jüngste von ihnen war Sylvanus, der während des Revolutionskrieges geboren wurde. Obwohl Isaac bei dessen Ausbruch bereits weit über 50 Jahre alt war, meldete er sich als Kriegsfreiwilliger. Isaac erntete keine Lorbeeren, aber er schaffte es, lebendig heimzukehren und es auch bis nach seinem hundertsten Geburtstag zu bleiben. Er und seine Nachkommen waren stolz auf seinen Kriegsdienst und auf die Großtaten anderer entfernter Verwandter während der Revolution.

Fanny erinnerte sich gerne an einige der Geschichten, die ihr als Kind erzählt wurden. »Als General Warren bei Bunker Hill getötet wurde«, schrieb sie, »war es ein Crosby, der die Fahne auffing, als sie seinen Händen entglitt.«

Um 1798 herum, als Sylvanus etwa einundzwanzig Jahre alt war, heiratete er Eunice Paddock. Sylvanus und Eunice hatten vier Kinder, jedes jeweils sechs Jahre älter als das nächste. Das älteste Kind wurde 1799 geboren und hieß Mercy nach der Mutter von Sylvanus. Es folgten 1805 Theda, dann 1811 Joseph und schließlich 1817 Mary, die von allen Polly genannt wurde.

Sylvanus versuchte die kleine Parzelle Land zu bearbeiten, so gut er konnte, um für seine Familie eine Existenz aufzubauen. Um 1820 war er nicht mehr der alleinige Ernährer, denn Mercy hatte geheiratet und lebte mit ihrem Ehemann im Haus der Familie.

Mercys Ehemann John Crosby war schon ein älterer Mann, vielleicht nicht viel jünger als Sylvanus. Er war wahrscheinlich ein Cousin (die Heirat zwischen Cousins und Cousinen war in Southeast nichts Ungewöhnliches). Weiter ist von John Crosby nichts bekannt, und da er starb, als Fanny noch ein Baby war, hatte sie keine persönlichen Erinnerungen an ihn. Ihr wurde immer erzählt, dass er ein sehr ehrgeiziger und fleißiger Mann gewesen sei und, ebenso wie Sylvanus, ein Veteran des Krieges von 1812. Er war schon einmal verheiratet gewesen und hatte eine Tochter namens Laura, die ungefähr im gleichen Alter wie Mercys Schwester Theda war.

Zwei Monate vor ihrem einundzwanzigsten Geburtstag gebar Mercy am 24. März 1820 eine Tochter, die nach Fanny Paddock Curtis, einer der zahlreichen Tanten ihrer Mutter, Frances Jane Crosby getauft wurde.

Ende April waren die Crosbys beunruhigt: etwas stimmte nicht mit den Augen des Babys. In späteren Jahren sprach Fanny von einer Krankheit, die ihre Augen »sehr schwächte«. Die Beunruhigung wuchs, denn der Gemeindedoktor war verreist, und die Familie konnte keine kompetente medizinische Hilfe finden.

Endlich fanden sie einen Mann, der sich selbst als Arzt bezeichnete. In ihrer Biographie beschrieb Fanny ihn als »einen Fremden«. Wer auch immer er war, er entsetzte die Crosbys dadurch, dass er einen heißen Umschlag auf die entzündeten Augen des Babys legte. Der »Arzt« beharrte darauf, dass die extreme Hitze für die Augen des Kindes nicht schädlich sei und die Entzündung herausziehen würde. Als er mit seinen Behandlungen fertig war, ging die Entzündung nach und nach zurück, jedoch entwickelten sich auf den Augen hässliche weiße Narben. Die Monate vergingen, und die kleine Fanny reagierte nicht auf Gegenstände, die man ihr vor ihr Gesicht hielt.

Der »Doktor« blieb nicht lange in Southeast. Die Crosbys beschuldigten den Mann offen, das Baby geblendet zu haben, und erregten damit so viel Aufruhr in Gayville, Doanesburg und den anliegenden Weilern, dass der Mann, zweifellos aus Angst vor Lynchjustiz, das Weite suchte und man nie wieder von ihm hörte.

Weiteres Unglück kam auf den Haushalt von Sylvanus Crosby zu. Der November des Jahres 1820 war kalt und regnerisch, aber John Crosby arbeitete sogar im Platzregen auf den Feldern. Eines Nachts kam er stark unterkühlt nach Hause. Am nächsten Tag war er ernsthaft erkrankt, und einige Tage später starb er.

Die Crosbys verstanden sich als fromme Puritaner, und Mercy, die mit einundzwanzig Witwe geworden war, fand Trost in der Hoffnung, dass sie und ihr Mann sich eines Tages im Himmel wieder sehen würden. Auf Erden jedoch war sich Mercy bewusst, dass ihr Vater nicht allein einen Sechs-Personen-Haushalt zusätzlich unterhalten konnte. Kurz nachdem der Leib ihres Mannes in ein namenloses Grab auf dem Friedhof von Doanesburg hinabgelassen worden war, verdingte sie sich deshalb als Dienstmädchen bei einer wohlhabenden Familie in der Nähe. Fanny Jane blieb in der sorgenden Obhut von Mercys Mutter.

Belebt von ihrem tiefen Glauben waren die Crosbys eine glückliche Familie, obwohl sie hoffnungslos arm waren. Tagsüber kümmerten sich Großmutter Eunice und ihre mittlere Tochter Theda um den Haushalt und um Fanny und Polly, die mehr wie Schwestern als wie Nichte und Tante zueinander standen. Zweifellos half Joseph seinem Vater bereits bei der Feldarbeit. An den Abenden, wenn Sylvanus, Joseph und Mercy heimkamen, saß die Familie zusammen und rezitierte Gedichte. Als kleines Mädchen hörte Fanny mit gespannter Aufmerksamkeit die Ballade von »Rinaldo Rinaldini«, dem Räuberhauptmann, die Erzählungen von Robin Hood, die *Ilias* und die *Odyssee,* John Milton und aus der Bibel.

Eunice hatte ein besonderes Interesse an Fanny und stand ihr in ihren ersten vier oder fünf Lebensjahren näher als ihre Mutter. »Meine Großmutter bedeutete mir mehr, als ich jemals in Worten oder mit der Feder auszudrücken vermag«, schrieb Fanny.

Als es offensichtlich geworden war, dass Fanny Jane das Augenlicht versagt bleiben sollte, beschloss Eunice, dass sie die Augen ihrer Enkelin sein würde. Sie nahm sich fest vor, dass Fanny Jane keine hilflose Invalide und – wie so viele blinde Menschen in der damaligen Zeit – abhängig von anderen sein würde. Sie übernahm es, dem Kind die sichtbare Welt in Begriffen zu beschreiben, von denen sie hoffte, dass es diese verstehen würde. Achtzig Jahre später erinnerte sich Fanny, dass ihre Großmutter »mich auf ihre Knie nahm und mich schaukelte, während sie mir von der schönen Sonne mit ihrem Auf- und Untergang erzählte«. Da Fanny intensives Licht wahrnehmen und manchmal verschiedene Färbungen unterscheiden konnte, war es Eunice möglich, ihr Farben zu beschreiben. Eunice belehrte das Mädchen auch über Vögel:

> *Eines Tages hörte ich von der Wiese her einen eigenartigen Ton, es klang wie »whippoorwill«. Großmutter erzählte mir von dem Vogel, von dem dieser wunderliche Gesang kam, und beschrieb seine gesprenkelten Flügel und seine rötlich-braune Brust, seinen spitzen Schnabel sowie seinen weißen zerzausten Federschwanz.*
> (Zitat aus: Samuel Trevena Jackson, *»Fanny Crosbys vierundneunzigjährige Geschichte«*, New York: Revell, 1915, Seite 119)

Wie konnte Fanny verstehen, was »zerzaust« bedeutete? Eunice nahm dazu etwas in ihre Hände, dessen Struktur dem ähnelte, was sie gerade zu beschreiben versuchte. Immer, wenn Fanny später den Gesang des Whippoorwill-Vogels hörte, kannte sie die Farbe und die Gestalt des Vogels, der diesen Ton hervorbrachte. Eunice belehrte sie außerdem über die Wiesenlerche, den Kuckuck, den Singspatz, den Goldfink, den Gelben Teichrohrsänger, den Zaunkönig und das Rotkehlchen.

Die bemerkenswerte Eunice, eine Bäuerin aus der hintersten Provinz des Staates New York, war bei der Unterweisung des blinden Kindes ebenso geschickt und erfolgreich wie jemand mit vielen Fachabschlüssen. Sie unterrichtete ihre Enkelin in Botanik. Als Fanny ungefähr drei oder vier Jahre alt war, war das Veilchen ihre Lieblingsblume und blieb es auch für den Rest ihres Lebens. Im Herbst nahm Eunice Fanny mit auf Spaziergänge über die Berge und erzählte ihr von den Bäumen und ihren Blättern. Fanny Jane lernte die Bäume auf die gleiche Weise kennen wie die Blumen – durch Berühren und Riechen – und die Blätter durch Anfassen und Erinnern.

Eunice wurde klar, dass Fannys Gedächtnis eine besonders wichtige Rolle in ihrem Leben spielen würde, und sie begann es zu trainieren. Eunice sammelte Haufen von Herbstblättern und ließ Fanny damit spielen. »Und von welchem Baum kommt *dieses* hier?« fragte sie dann. Dank dem frühen Training seitens ihrer Großmutter entwickelte Fanny eine Fähigkeit für detaillierte Beschreibung und außerdem ein wunderbares Erinnerungsvermögen.

Eunice hatte auch einen großen Einfluss auf Fannys religiöse Entwicklung. Alle Crosbys waren gläubige Christen, aber Eunice schien nahezu engelsgleich gewesen zu sein. Die Großmutter sah die ganze Welt als Gottes Buch und jedes Naturphänomen als eine Manifestation Gottes an. Wie viele Menschen ihrer Zeit und früherer Generationen sah sie die Natur als Spiegel der geistlichen Welt. Für Fanny waren die Spaziergänge mit ihrer Großmutter über die Berge und durch die Felder Spaziergänge mit Gott, da Eunice betonte, dass jeder Baum, jede Blume, jeder Vogel von Gott an seinen Platz gestellt war und seinem Plan und Zweck diente.

Eunice lehrte Fanny und Polly, dass alles, was geschieht, ob gut oder schlecht, ein Zeichen für Gottes Wohlgefallen oder Zorn sei. Sie erklärte ihnen, dass kein Spatz zur Erde fällt, ohne dass Gott es sieht, und dass jedes Haar auf dem Kopf gezählt ist. Sie weckte in ihnen die Überzeugung, dass Gott eine allgegenwärtige Hilfe in der Not ist.

Eunice war ihrer Tochter Mercy in den ersten Jahren ihrer Witwenschaft eine große Stütze. Oft wurde Mercy fast wahnsinnig wegen ihrer Schwierigkeiten. Sie musste den ganzen Tag arbeiten, um für ihre Kinder zu sorgen, das sie nur nachts sehen konnte. Und sie grämte sich wegen Fanny Jane und fragte sich, was wohl aus diesem kleinen Mädchen werden würde, das so hoffnungslos behindert zu sein schien. Wenn Mercy auf ihrer harten Bettstelle weinend zusammenbrach, ging Eunice zu ihr hinein, legte ihr die schwielige abgearbeitete Hand auf die zarte Schulter und sagte ihr Worte aus ihrem Lieblingskirchenlied; oder sie zitierte das alte puritanische Sprichwort, das einst ein Lieblingsspruch des Puritanerführers Cotton Mather gewesen war: »Was nicht geändert werden kann, muss ertragen werden.« Noch mit neunzig Jahren sagte Fanny Crosby diesen Spruch immer allen, die mit ihren Sorgen zu ihr kamen.

Solange sich Fanny zurückerinnern konnte, versammelte Eunice ihre Kinder um sich und las ihnen aus der Bibel vor. »Die Geschichten der Heiligen Schrift kamen von ihren Lippen, fielen in mein Herz und wurzelten dort tief.« Eunice las nicht einfach kommentarlos aus der Bibel vor, sondern nahm sich die Zeit, den Kindern alles in für sie verständlichen Begriffen zu erklären. Sie saß dann in ihrem Schaukelstuhl und erzählte ihnen von »einem lieben himmlischen Vater, der seinen Sohn Jesus Christus als Heiland und Freund aller Menschen in diese Welt hinabgesandt hatte«.

Großmutter war nicht nur eine Frau, die die Bibel liebte, sondern sie hielt sehr viel vom Gebet. Das Gebet gehörte für sie wesentlich zum christlichen Leben, nicht als eine Form geistiger Übung oder einfach um über Gott zu meditieren, sondern als direkte Kommunikation mit ihrem liebenden Heiland. Sie brachte Fanny bei, dass man Gott in jeglicher Not anrufen und ihm für alles Gute danken sollte. Sie lehrte, dass nichts zu schwierig ist für Gott und dass er alle Bitten erfüllen kann. Egal wie ausgefallen oder aussichtslos ihr Wunsch sei, er würde ihn erfüllen – *wenn es gut für sie wäre*. Wenn Gott nicht das Erbetene gewähre, sollte sie nicht niedergeschlagen sein, da er etwas mit ihr vorhabe, das über ihre ausgefallensten Hoffnungen und Erwartungen hinausgehe. Die Leiden und Enttäuschungen des Lebens konnten geduldig und fröhlich ertragen werden, weil sie auf etwas Besseres hoffte.

Ebenso wie die anderen Dorfbewohner marschierten die Crosbys jeden Sonntag barfuß – mit den Schuhen in der Hand – zur Kirche. In einem etwas abseits von der Kirche liegenden Pferdeschuppen machten sie sich frisch, zogen ihre Schuhe an und gingen in die Versammlung. Im Winter wurde das Holzgebäude mittels eines dickbäuchigen Ofens geheizt. Es wurde oft sehr heiß in der Kirche, weil sich zweihundert Personen in den Raum drängten, und dazu machte der Tabakrauch aus den Pfeifen der Männer die Luft unerträglich. Die Predigten schienen ewig zu dauern und waren oft so voller weitschweifiger Gedankengänge calvinistischer Theologie, dass die Leute währenddessen vor sich hin dösten. Mittags ging die Gemeinde zum Essen nach Hause und kam dann umgehend zurück, um weitere Predigten zu hören. »Solange sie pünktlich zum Melken ihrer Kühe wieder heimkamen, machte es ihnen nichts aus«, erinnerte sich ein Bewohner.

Es gab keine Orgel und keine eigentlichen Gesangbücher in der Kirche von Southeast. Ebenso wie die frühen Puritaner hielten die Theologen dieser Zeit nichts von Glaubensliedern, die von Menschen komponiert worden waren; sie verwendeten lediglich die Psalmen, die David von Gott selbst »diktiert« worden waren. Der Großteil der Musik bestand aus eintönig gesungenen Psalmen und ab und zu deren rhythmischen Paraphrasen von Isaac Watts, welcher ein Jahrhundert vorher gelebt und gearbeitet hatte.

Ein Diakon am »Tisch« war die einzige Person im Raum mit einem Text. Den Psalm »auslegend« psalmodierte er eine Zeile, welche von der Gemeinde wiederholt wurde; auf diese Weise ging man vor, bis der gesamte Psalm gesungen war. Diese ziemlich merkwürdige Form der Kirchenmusik gefiel dem Kind Fanny nicht.

Als kleines Mädchen war Fanny Jane ruhig und nachdenklich, aber fröhlich. Sie befreundete sich eng mit dem Briefträger, und es war einer der Höhepunkte jeder Woche, von ihm am Donnerstag die Post zu bekommen. Vom dritten Lebensjahr an ging sie an schönen Tagen mit der Selbstverständlichkeit einer sehenden Person zu einem großen Felsen. Dort saß sie unter Großmutters aufmerksamer Beobachtung und hörte auf die »Stimmen der Natur«, welche, wie sie sagte, alle eine ihrer Seele vertrauten Sprache sprachen. Wären da nicht die zwar gut gemeinten, aber ständigen Mitleidsbezeugungen gewesen und »ich wünschte, du könntest dies oder das sehen«, Fanny wäre kein Unterschied zwischen sich und anderen Kindern aufgefallen. Sie war ganz zufrieden mit ihrem Los und fand darin nichts in irgendeiner Weise Beschränkendes.

Sie liebte es zu singen. Als sie fünf Jahre alt war, kannte sie Lieder wie das würdevolle »Heil dir, Columbia, glückliches Land« und ebenso ziemlich geschmackslose Balladen wie »Viermaster und zehn alte Junggesellen«.

Eunice und Mercy ließen Fanny und Polly ziemlich viel Freiheit. Weit entfernt davon, die kleinen Mädchen immer um sich zu haben, ließ Großmutter sie in der Umgebung des ländlichen Hauses herumstreifen. Sie und Mercy erlaubten ihnen sogar, mit den anderen Kindern von Gayville nachts draußen zu spielen. Fanny konnte nachts ebenso gut spielen wie am hellen Tag.

»Oh, welch ein glückliches Kind bin ich!«

Seit es offenkundig war, dass Fanny blind war, gab es Mercy nicht auf, auf Heilung zu hoffen. Nach fünf Jahren glaubte Mercy genug Geld gespart zu haben – unterstützt durch großzügige Beihilfen von Nachbarn –, um nach New York City zu reisen und für Fanny einen Untersuchungstermin bei Dr. Valentine Mott an der medizinischen Fakultät der Columbia-Universität zu arrangieren, der einer der besten Chirurgen Amerikas war.

Für Fanny war die ziemlich ermüdende Reise mit dem Marktwagen nach Sing Sing und von dort mit der Schaluppe nach New York ein wundervolles und aufregendes Abenteuer. Sie erfreute sich an dem Seemannsgarn, das der Kapitän für sie spann, und im Gegenzug ergötzte sie die Mannschaft und die Passagiere mit Liedchen, die sie gelernt hatte. Dem Schiffer gefielen diese sehr und er schickte nach ihr, wenn er sich »schwermütig« fühlte, wie er ihr sagte, und bat sie, für ihn zu singen.

In New York jedoch schwand die Fröhlichkeit. Mercy und Fanny wurden zu Motts Büro gebracht, wohin ein weiterer Augenfacharzt gerufen worden war.

Sie bestätigten den Verdacht von Mercy und ihren Eltern, dass der »Doktor«, welcher Fanny Janes Augen behandelt hatte, diese vollständig zerstört hatte.

Der Umschlag hatte ihre Hornhäute verbrannt und es hatte sich Narbengewebe gebildet. Daraus resultierte eine Sehfähigkeit, oder eigentlich deren Mangel, die vergleichbar war mit dem Blick durch ein beschlagenes oder vereistes Fenster. Das Kind konnte zwar etwas Licht und Farbe unterscheiden, aber kaum mehr. Es gab absolut nichts, was getan werden konnte; der Schaden war irreparabel.

Die Worte sanken wie Dolche in Mercys Herz. Obwohl sie normalerweise streng und gesetzt war, brach sie in Tränen aus. Fünf Jahre des Sparens und der Entbehrung, fünf Jahre des Hoffens und der Erwartung waren zunichte gemacht worden.

Fanny war nicht vollkommen blind. Sogar im hohen Alter konnte sie noch Tag und Nacht unterscheiden. Als einmal eine Freundin wünschte, Fanny könnte das Tageslicht an einem besonders schönen Tag sehen, antwortete Fanny: »Ich kenne es. Ich fühle es. Und ich sehe es auch!«

An jenem Frühlingsnachmittag des Jahres 1825 hatte die kleine Fanny Jane an Bord der von New York zurückkehrenden Schaluppe ein Erlebnis, welches man fast eine religiöse Erfahrung nennen könnte.

> *Als ich da im Glorienschein des sich neigenden Tages auf Deck saß, beruhigte das leise Murmeln der Wellen meine Seele und gab mir ein wunderbares Gefühl des Friedens. Ihre Musik verwandelte sich in Klänge ähnlich einer menschlichen Stimme, und viele Jahre lang spiegelte ihre Melodie meiner Vorstellungskraft den Ruf der Gabe vor, die sich mühte, gehört zu werden in ihrem Gefängnis in irgendeiner winzigen Muschel, die vielleicht auf dem Grunde des Flusses lag.*
> (Zitat aus: Frances J. Crosby, *Erinnerungen aus achtzig Jahren*, Boston: James H. Earle, 1906, Seite 9.)

Daheim wurden sie von Großmutter Crosby erwartet, die sie tröstete und die Mercy wie üblich sagte, dass es für einen zum Besten sei, wenn der Herr einen Wunsch nicht erfülle. Sie versicherte ihrer verstörten Tochter, dass Gott sich um die kleine Fanny Jane kümmern werde und dass er eine nützliche Zukunft für sie bereithalte.

Ungefähr zu dieser Zeit war Mercy genötigt, in das sechs Meilen südlich von Gayville gelegene North Salem zu ziehen, wo sie eine Anstellung als Haushälterin hatte. Im Haus ihres Arbeitgebers gab es ein Zimmer für Fanny, und so entschloss sie sich, ihre Tochter mit sich zu nehmen. North Salem war weitgehend von Quäkern bewohnt und Fanny Jane lernte schnell die so genannte »einfache Sprache«.

Im Unterschied zur gütigen Großmutter war Mercy sehr streng. Wenn Fanny Jane mutwillig war, unterhielt sich die Großmutter sehr zärtlich mit ihr, bis sie das Kind von seinem Fehler überzeugt hatte und ihm Tränen der Reue entlockte.

Mercy war viel schneller mit der Rute bei der Hand, und das war für das Kind eine große Umstellung. Später sagte sie von ihrer Mutter: »Sie war eine aus der Generation, bei der man hören *musste*!«

Von ihren Bildern her zu urteilen scheint Mercy die typische strenggesichtige Pionierfrau gewesen zu sein: hager und aufrecht, mit einem langen, knochigen Gesicht und einer Falkennase, harten intensiv blickenden Augen und schmalen Lippen. Sie war jedoch nicht immer nur für Disziplin; sie war eine geistreiche Frau, die gerne Spaß hatte. Sie war hingebungsvoll um das Wohlergehen ihrer behinderten Tochter bemüht. Soweit es ihre knappen Mittel erlaubten, kaufte Mercy Spielsachen zur Unterhaltung des kleinen Mädchens.

Fanny spielte von früh bis spät mit den anderen Dorfkindern. Die Bauern von North Salem stellten schon bald zu ihrer Verwunderung fest, dass das kleine blinde Mädchen bei allen Kinderstreichen mit von der Partie war. Fanny war ein halber Junge; sie lernte es, »mit der Flinkheit eines Eichhörnchens« auf einen Baum zu klettern und auf einem ungesattelten Pferd zu reiten, dabei klammerte sie sich während des Galopps an die Mähne des Rosses. Sie konnte auf Steinmauern klettern, und wenn sie ihr Kleid zerriss, schaffte sie es, die schadhafte Stelle »vor Mutters Augen zu verbergen, bis ich annahm, dass sie es nicht bemerken würde, was allerdings ein seltenes Ereignis war«.

Die Großmutter legte Wert darauf, Fanny mehrmals pro Woche in North Salem zu besuchen. Während Mercy mit den häuslichen Aufgaben in dem Haushalt beschäftigt war, in dem sie lebte und arbeitete, fuhr Eunice mit der Erziehung ihres Enkelkindes fort, indem sie Fanny Teile der Bibel zum Auswendiglernen gab, als sie ungefähr acht war.

Nach und nach wurde es Fanny bewusst, dass sie nicht wie andere Kinder war. Das fremde unbekannte Phänomen des Augenlichts schien notwendig zu sein, um die meisten, wenn nicht sogar alle ihre Bestrebungen wahr zu machen. Um Seemann, Predigerin oder Musikerin zu werden, musste sie zur Schule gehen.

Jedoch schien ihr der Pfad des Wissens hoffnungslos versperrt. Es verdross sie, wenn sie Leute sagen hörte: »Oh, du kannst das nicht machen, weil du blind bist, weißt du«, und »du kannst da niemals hin, weil es sinnlos wäre; auch wenn du da wärst, könntest du doch nichts sehen«.

In späteren Jahren betonte Fanny immer wieder, dass blinde Menschen fast genauso viel erreichen können wie Sehende. Für das kleine blinde Mädchen in der puritanischen Provinz des Staates New York jedoch schien wenig Hoffnung zu bestehen, dass sie ihre Pläne jemals in die Tat umsetzen konnte. Sie wurde nachdenklich und »von Zeit zu Zeit sehr schwermütig und deprimiert«. In solchen Momenten schlich sie sich alleine davon, kniete nieder, wie ihre Großmutter es sie gelehrt hatte, und fragte Gott, ob ihre Blindheit sie davon ausschließen würde, eines seiner Kinder zu sein. Sie fragte ihn dann, »ob er nicht in seiner ganzen großen Welt auch ein kleines Plätzchen für mich hätte«. Da sie schon immer eine Neigung zur Mystik hatte, fühlte sie, wie seine Stimme ihr sagte: »Sei nicht mutlos, kleines Mädchen. Eines Tages wirst du trotz deiner Blindheit glücklich und nützlich sein.«

Als Ergebnis dieser Gebete wich die Phase der Verzagtheit eine Zeit lang von ihr, und im Alter von acht Jahren war sie in der Lage, sich an ihren ersten Versen zu versuchen:

Oh, what a happy child I am,
Although I cannot see!
I am resolved that in this world
Contented I will be!

How many blessings I enjoy
That other people don't!
So weep or sigh because I'm blind,
I cannot – nor I won't.

Oh, welch ein glückliches Kind bin ich,
auch ohne das Augenlicht mein!
Ich bin entschlossen, in dieser Welt
immer zufrieden zu sein!

Wie viele Segnungen genieße ich,
die andere nicht haben!
Deshalb: weine oder seufze, weil blind ich bin,
ich kann's nicht – und ich werd's auch nicht!

Obwohl sie noch nicht das »Bekehrungserlebnis« gehabt hatte, welches in der Frömmigkeit ihrer Mutter und ihrer Großmutter solch eine große Rolle spielte, war Gott von allem Anfang an ein Teil von Fannys Leben, und der Kirchgang in North Salem bedeutete ihr zunehmend mehr. Die einzige Kirche war die »Gesellschaft der Freunde«. Die Quäkertreffen, in welchen der Sprecher im Singsang predigte und zwischen den Sätzen nach

Luft schnappte, waren sehr verschieden von den sterbenslangweiligen Puritanergottesdiensten in Southeast, deshalb gefielen ihr diese besser.

Besonders das Singen ergriff ihre Vorstellungskraft. Ihr ganzes Leben hindurch erinnerte sie sich an die »trübseligen« Kirchenlieder. Diese schweren und melancholischen Choräle waren zu jener Zeit in Neuengland üblich. Oft waren es unheimliche Gedichte zu dumpfen Melodien.

In North Salem wurde ebenso wie in Southeast großer Wert auf ein gefühlsmäßiges Bekehrungserlebnis gelegt, ohne welches man das Sterben zu fürchten hatte. Die Sterblichkeit und die Gewissheit der Hölle für die Unbußfertigen wurden stark betont. Zahlreiche Kirchenlieder erzählten von leichtsinnigen Sündern, die vom plötzlichen Tod dahingerafft wurden und verloren gingen.

Sogar als kleines Mädchen empfand Fanny Widerwillen gegen diese Abschreckungstaktiken, die Sünder eher in ihrem Unglauben verhärteten, als dass sie den gewünschten Effekt erzielten. Dies beeinflusste ihre lebenslange Einstellung zu religiöser Arbeit.

Als Fanny acht oder neun Jahre alt war, zog Mercy wieder um, diesmal über die Staatsgrenze in das nahe Ridgefield in Connecticut, wo sie Arbeit fand. Es war ihr nicht möglich, in dem Haus zu wohnen, in dem sie arbeitete, und Fanny blieb während des Tages in der Obhut der Vermieterin, einer Mrs. Hawley. Fanny Jane nahm dauerhafte Erinnerungen an die Quäker in North Salem mit sich. Obwohl sie bald die Angewohnheit verlor, Leute mit »Ihr« und »Euch« anzureden, wie bei den Quäkern üblich, trug sie doch zu manchen Zeiten ihres Lebens gerne Quäkertracht.

In Ridgefield gehörten sie wieder zur Presbyterianischen Kirche. Mrs. Hawley war eine Erzcalvinistin, »eine alte puritanische Presbyterianerin, die alles in der Heiligen Schrift so wörtlich nahm wie der orthodoxeste Schotte«. Sie war jedoch nicht düster und streng, wie viele Puritaner, sondern »sanft«, und sie »liebte schöne Dinge«. Die Großmutter konnte nicht regelmäßig kommen, weil Fanny zu weit weg von Southeast war, aber Mrs. Hawley beschloss, Eunices Arbeit weiterzuführen. Sie ließ Fanny jede Woche ein paar – oft bis zu fünf – Kapitel der Bibel auswendig lernen, indem sie Zeile um Zeile wiederholte und das kleine Mädchen »Gebot um Gebot« lehrte. Da Fanny jung und mit einem phänomenalen Erinnerungsvermögen begabt war, hatte sie keinerlei Probleme damit, bis zum Jahresende Genesis, Exodus, Levitikus, Numeri und Deuteronomium (die fünf Bücher Mose) sowie die vier Evangelien zu beherrschen. Nach zwei Jahren konnte Fanny auch noch viele Psalmen, die gesamten Sprüche, das ganze Buch Ruth und »dieses großartigste aller prosaischen Gedichte, das Lied Salomonis«, auswendig aufsagen.

Dieses Training reichte Fanny für ihr ganzes Leben. Von da an brauchte ihr niemand mehr aus der Bibel vorzulesen. Wenn sie ein Stück aus der Schrift »lesen« wollte, drückte sie gewissermaßen auf einen kleinen Knopf in ihrem Hirn und der entsprechende Abschnitt floss wie eine Tonbandaufnahme durch ihren Kopf.

Wenn sie die Großmutter in Southeast besuchte, was ziemlich häufig geschah, bemerkte Eunice mit großer Freude ihre Fortschritte beim Lernen der Heiligen Schrift. Fanny war immer die Siegerin bei Bibelzitat-Wettbewerben unter den Kindern und Jugendlichen von Ridgefield. Wer die meisten Verse wiederholen konnte, gewann eine Bibel. So wurde die Bibel ein Teil von ihr.

Mrs. Hawley war keine so strenge Calvinistin, dass sie glaubte, nichts außer der Heiligen Schrift sei des Lesens wert. Sie ließ Fanny Teile erbaulicher weltlicher Werke sowie beliebte Gedichte auswendig lernen, und sie lehrte sie viele »praktische Lektionen«. Mercy las Fanny ebenfalls vor, wenn sie Zeit hatte, und Fanny hatte lebhafte Erinnerungen daran, wie ihre Mutter »mit viel Gefühl« Miltons berühmtes Sonett »Über seine Blindheit« rezitierte.

Zu dieser Zeit lernte Fanny einen Schneider kennen, der Methodist war, und besuchte gelegentlich mit ihm seinen Gottesdienst. Sie lernte die erhabenen und schönen Choräle von Charles Wesley und Isaac Watts lieben, die dort gesungen wurden.

Obwohl Fanny zeitweise glücklich war, hatte sie wiederkehrende Anfälle von Schwermut und Depressionen, als sie heranwuchs. Sie verbrachte viele Abende mit Nachdenken und dem »Lesen« der Schriften. Ihre Behinderung deprimierte sie zunehmend mehr als in ihrer Kindheit. Sie sah sich in steigendem Maße in Konkurrenz mit ihren Kameraden, nur »um der Welt zu zeigen, was ein kleines blindes Mädchen alles kann«.

Sie konnte diese Art nie ganz ablegen. Noch als alte Frau war sie immer ganz begierig darauf, jedem zu zeigen, dass sie all das auch konnte, was eine sehende Person tat. Selbst als sie schon neunzig Jahre alte war, bestand sie darauf, dass die Nichte, bei der sie lebte, sie das Geschirr spülen ließ.

Als sie elf oder zwölf Jahre alt war, fühlte sich Fanny immer mehr von der Welt der Sehenden ausgeschlossen. Ihr wurde langsam bewusst, dass eine große Menge Wissen auf sie wartete; aber da sie blind war und keine Möglichkeit einer Ausbildung hatte, schien es für sie keinen Weg zu geben, es sich zu erschließen. Sie besuchte gelegentlich die Bezirksschule, aber der örtliche Schulmeister wusste nicht, wie er die Blinde lehren sollte, und nach ein paar Tagen hörte sie vollkommen frustriert wieder auf.

Tief in ihre Niedergeschlagenheit verstrickt unternahm sie einen ihrer häufigen Ausflüge nach Gayville, um die Großeltern zu besuchen, die immer noch in dem Haus lebten, in dem sie geboren worden war. Eunice erkannte, dass das Kind tief bekümmert war, und eines Tages hatten sie in der Dämmerung ein langes Gespräch miteinander. Die Großmutter saß in ihrem Schaukelstuhl, und Fanny schüttete ihr Herz aus. Dann knieten sich die beiden neben den alten Stuhl und »wiederholten eine Bitte an den lieben Vater«. Später schrieb Fanny darüber:

> *Die Nacht war wunderschön. Ich schlich mich zum Fenster, und durch die Zweige einer riesigen Eiche, die direkt davor stand, fiel das weiche Mondlicht auf meinen Kopf wie die Segnung eines Engels, während ich dort kniete und immer wieder diese einfachen Worte wiederholte:»Lieber Herr, bitte zeige mir, wie ich ebenso wie andere Kinder lernen kann.«*

Auf einmal fühlte sie, wie »das Gewicht der Unruhe«, welches ihr Herz in den vergangenen Monaten belastet hatte, »sich in das süße Wissen verwandelte, dass mein Gebet zur rechten Zeit erhört werden würde«. Obwohl Fanny oft in Schwermut verfiel, weil ihr nur begrenzte Möglichkeiten offen standen, bewahrte sie von da an in ihrem Herzen die Gewissheit, dass letztendlich die Barriere, die zwischen ihr und »dem Wissen« stand, niedergerissen werden würde.

Dies war vielleicht Eunice Crosbys letztes großes Geschenk an ihre Enkelin, dieses Gebet um »Wissen« in jener mondbeschienenen Nacht. Kurz darauf wurde sie krank.

Fanny behielt ihre letzte Begegnung immer in Erinnerung. An jenem »rosigen Sommerabend« des Jahres 1831 saß Großmutter in ihrem Lieblingsschaukelstuhl, und ihre Stimme war ein schmerzliches Flüstern. »Großmutter wird heimgehen«, sagte sie und erzählte dem verängstigten Kind, dass sie bald im Himmel sein würde. Fanny schluchzte in untröstlichem Schmerz, bis die dunkle Stille nochmals von der schwankenden Stimme der sterbenden Frau unterbrochen wurde. Sie hatte ihrer geliebten Enkelin – ihrer einzigen Enkelin – noch eine Frage zu stellen: »Sag mir, mein Schatz, wirst du Großmutter im Hause unseres Vaters dort oben treffen?«

Fanny konnte spüren, dass Eunice »auf mich herabsah«. Ein weiterer Moment der Stille folgte. Dann überwand das Kind den Kloß in seiner Kehle und antwortete: »Ja, bei der Gnade Gottes.« Eunice drückte Fanny voller Freude an ihre Brust. Sie beugten die Häupter für ein letztes Gebet. Nicht lange danach starb Eunice Crosby im Alter von nur dreiundfünfzig Jahren.

Diese letzte Begegnung verfolgte Fanny viele Jahre lang. Eunice war eine fromme Calvinistin gewesen, die glaubte, dass man die Gewissheit der Errettung nur durch eine definitive und datierte gefühlsmäßige »Bekehrung« gewinnen könne. Sie hoffte, dass Fanny dieses Erlebnis haben würde, und die Worte auf ihrem Totenbett sollten es herbeiführen. In Wahrheit jedoch waren Fannys Gefühle bezüglich ihrer Errettung unverändert, als sie Großmutter dieses letzte Mal verließ. Die Tatsache, dass sie kein datierbares Bekehrungserlebnis gehabt hatte, sollte ihr Gemüt zeitweise belasten.

Als Fanny sich zur Jugendlichen entwickelte, zeigte sich deutlich ihr musikalisches Talent. Mit ihrer hohen, süßen Sopranstimme erwarb sie sich im Ort einen Ruf als Sängerin. Sie beherrschte die Gitarre so gut, dass sie laufend bei Zusammenkünften gefragt war. Sie wurde eine ausgezeichnete Reiterin. Außerdem wurde sie als gute Geschichtenerzählerin bekannt. Sie erfand gerne Geschichten von mildtätigen Banditen – jener Art von Räubern, »bei denen ich nicht das Glück hatte, sie im wirklichen Leben zu treffen«, wie sie später schrieb.

Als Dichterin erwarb sich Fanny ihre größte Berühmtheit in Ridgefield. Sie dichtete Texte über Vorkommnisse in der Gemeinde. Zum Beispiel hatte ein Müller in der Nähe bekanntermaßen die Gewohnheit, unehrlicherweise Maismehl unter sein Mehl zu mischen. Fanny schrieb ein Gedicht, das so begann:

There is a miller in our town,
How dreadful is his case;
I fear unless he does repent
He'll meet with sad disgrace.

Es gibt einen Müller in unserer Stadt,
wie schrecklich seine Lage,
ich fürchte, wenn er nicht bereut,
wird treffen ihn Schmach und Plage.

Nachbarn glaubten, dass das Gedicht so gut sei – oder dass die Situation umgehende Aufmerksamkeit verlangte – dass sie es dem Herausgeber des nächstgelegenen Zeitungsverlages zukommen ließen, dem Wochenblatt *Herald of Freedom* in Danbury, dessen Herausgeber war Phineas Taylor Barnum.

Barnum gefiel das Gedicht und er wollte es ganz abdrucken. Er interessierte sich für Fanny und hätte sie wahrscheinlich in seiner Zeitung als »blindes Wunder« groß herausgebracht, wenn Mercy nicht eingegriffen hätte. Scharfsinnig erkannte sie die Neigung des jugendlichen Barnum, Sachen und Menschen auszustellen. Fanny, die Barnum nicht mochte, schrieb Jahre später, dass sie, wenn es nach Barnum gegangen wäre, »eine unangenehme Stellung in seiner Ruhmeshalle innegehabt hätte«.

Der gängigen Praxis folgend, nach welcher das Hauptthema literarischer Bemühungen der Tod war, versuchte Fanny sich eine Zeit lang im Schreiben von Nachrufgedichten.

Als Fanny ein Gedicht mit dem Titel »Das Ächzen des Windes nach den Blumen« schrieb, gefiel es Mrs. Hawley so gut, dass sie eine Abschrift davon an Sylvanus in Gayville schickte. Großpapa Crosby war begeistert von dem Gedicht und bat Mrs. Hawley um Abschriften weiterer Werke seiner Enkeltochter. Er lobte ihre Arbeit und kündigte sie seinen Freunden und Nachbarn als »Kommende« an. Aber er wollte sie nicht »verwöhnen und sie stolz machen«, deshalb wies er Mercy an, Fanny nichts von seiner Begeisterung zu erzählen. Erst Jahre später erfuhr Fanny, wie stolz ihr Großvater gewesen war.

1834 entschloss sich Mercy, zurück nach North Salem zu ziehen. In Ridgefield hatte Fanny die Bibel auswendig gelernt, ihre musikalische Grundausbildung erhalten und außerdem jemanden kennen gelernt, der auf ihre Zukunft großen Einfluss haben sollte. Eines der Kinder, mit denen sie auf dem Anger spielte, war der drei Jahre ältere Sylvester Main. Der Verlag von »Vet« Main und seinem Sohn Hugh veröffentlichte fast sechstausend von Fannys Chorälen und war einer der Hauptwege, auf denen ihre Arbeiten Zugang zu den Herzen und in die Heime Amerikas fanden.

»Mein glückliches Heim«

Mit vierzehn war Fanny ein lebhaftes kleines Mädchen von zierlicher Statur mit pechschwarzen Locken. Obwohl sie nicht außergewöhnlich attraktiv war, hatte sie eine selten intensive und vitale Persönlichkeit, die dazu neigte, sich in leidenschaftlichen Gefühlen auszudrücken – in extremer Trauer ebenso wie in extremer Freude. Was immer sie tat, ob Reiten, Gitarre spielen, Singen, Geschichten erzählen, Gedichte schreiben – sie tat alles mit einer glühenden Leidenschaft, die fast zu viel für ihren zarten Körper war. Dies sollte ihr ganzes Leben hindurch so bleiben.

Im November 1834 las ihr Mercy ein Flugblatt über das neu gegründete New Yorker Blindeninstitut vor. Fanny klatschte in die Hände und rief: »Oh, Gott sei Dank! Er hat meine Gebete beantwortet; ich wusste, dass er es kann!«

Selbst nach siebzig Jahren – Jahre voller Freude und Leid – konnte sie diesen Tag immer noch als den glücklichsten ihres Lebens beschreiben

Sie reiste mit der Postkutsche am Morgen des 3. März 1835 ab. Fanny war »durch und durch zermürbt« und zitterte so sehr, dass sie sich kaum ankleiden konnte. Der Kloß in ihrer Kehle ließ sie nur einige Bissen des Frühstücks schlucken, das Mercy zubereitet hatte. Rasch verließ sie das Haus, die Schluchzer niederkämpfend. Die Kutsche fuhr holpernd davon auf ihrem Weg nach Norwalk in Connecticut, von wo Fanny und ihre Reisebegleiterin – eine Frau, deren Namen wir nicht kennen – ein Dampfschiff nach Manhattan nehmen würden.

Die Frau bemühte sich um ein Gespräch mit Fanny, aber diese ging nicht darauf ein und blieb still. Schließlich sagte die Frau streng: »Fanny, wenn du nicht nach New York reisen willst, werden wir an der nächsten Station aussteigen und die zurückkehrende Kutsche nach Hause nehmen. Deine Mutter wird sowieso einsam sein ohne dich.«

Fanny war sich bewusst, dass die Rückkehr in das frustrierende und undankbare Leben einer Dorfsängerin in einer ländlichen Yankeegemeinde keine realistische Alternative war.

Sie entschloss sich, »den Rubikon zu überqueren«, indem sie an der nächsten Station in der Kutsche blieb. »Wäre ich an jenem Morgen zu meiner Mutter zurückgekehrt«, schrieb sie,

»hätte ich damit meine wertvolle Perle weggeworfen, denn es ist nicht wahrscheinlich, dass ich je wieder tapfer genug gewesen wäre, um mich nochmals zum Institut aufzumachen«.

Vier Jahre zuvor war das Institut mittels Finanzierung durch den Staat und durch öffentliche Zuwendungen mit drei Schülern gegründet worden.

Es war erst die zweite Einrichtung dieser Art in den Vereinigten Staaten, zwei Jahre zuvor war das Blindeninstitut in Boston gegründet worden. Die Lehrer versuchten um Unterstützung zu werben, indem sie in Schulen und Kirchen Vorführungen mit den Arbeiten ihrer Schüler veranstalteten. In jenen Tagen glaubten nur wenige Leute, dass Blinde erfolgreich ausgebildet werden konnten.

Die Behörden schickten außerdem Prospekte in alle Teile des Staates. Die Zahl der Schüler stieg so rapide – auf dreißig im Jahre 1835 –, dass die Lehrer ein abgeschiedenes Herrenhaus auf einem schönen Landgut mieten konnten, das von alten Weidenbäumen beschattet wurde. John Denison Ruß, ein Arzt und Yale-Absolvent, war damals der Direktor des Besitzes auf Manhattans West Side, die zu jener Zeit auf dem Lande lag.

Dr. Ruß (1801-1881) wurde von seinen Schülern sehr geliebt. Er erfand ein phonetisches Alphabet und arbeitete emsig daran, das System der ertastbaren Buchstaben und Landkarten zu perfektionieren, welches Louis Braille einige Jahre zuvor in Frankreich entwickelte hatte. Ruß leitete das Institut seit der Gründung und arbeitete während der ersten beiden Jahre ohne Gehalt. Trotz eines vollen Terminkalenders und beträchtlicher Verpflichtungen war er nie zu beschäftigt, um sich persönlich für seine Schüler zu interessieren. Er gab Bibelstunden und las ihnen Werke seines Lieblingsdichters Lord Byron vor.

Fanny kam am 7. März an. Während der ersten Tage war sie krank vor Heimweh. Am ersten Abend wurde sie zu dem kleinen Raum geführt, welcher der ihrige werden sollte. »Alles war fremd« und nichts war an dem Platz, an dem sie es daheim zu finden gewohnt war. Völlig durcheinander saß sie auf ihrem großen Koffer und versuchte tapfer zu sein und die Tränen zurückzuhalten, als die Hausmutter des Instituts hereinkam.

»Fanny«, sagte die mütterliche Quäkerin und nahm sie in ihre Arme, »ich glaube fast, dass Ihr bisher noch nie von zu Hause fort gewesen seid.«

»Nein, gnädige Frau«, sagte Fanny mit schwacher Stimme. »Bitte entschuldigen Sie mich. Ich muss weinen.«

Und das tat sie, laut und lange, bis eine Mitschülerin es schaffte, sie zu trösten.

Bald wurde das zu Beginn so unerträgliche Institut »mein glückliches Heim«, in dem sie in den nächsten beiden Jahrzehnten »die strahlendsten Freuden, die ich je kennen lernte« erlebte. Extrovertiert, wie sie war, befreundete sie sich schnell. Mit ihrem scharfen Geist meisterte sie schnell den Unterricht in Englisch, Grammatik, Wissenschaft, Musik, Geschichte, Philosophie, Astronomie und Volkswirtschaft. Die Stunden wurden in Form von Vorträgen und Vorlesungen gehalten, danach wurde von den Schülern erwartet, dass sie detaillierte Fragen zu dem Text beantworten konnten, den sie gehört hatten. Am nächsten Tag mussten sie den Stoff der gesamten Unterrichtsstunde frei wiedergeben. Fanny lernte ungewöhnlich gut; bis zu ihrem Todestag war sie in der Lage, den gesamten Text von *Brown's Grammar* auswendig herzusagen.

Sie war »verliebt« in Grammatik, Philosophie, Astronomie und Volkswirtschaft, aber sie hatte Probleme mit Braille (Blindenschrift) und Mathematik. Man lehrte sie, die Bibel, »Die Pilgerreise« und Coleridges »Rime of the Ancient Mariner« in Braille zu lesen, aber sie tat dies scheinbar sehr langsam und mühsam. Diese Frau, die einen Menschen sofort durch eine Berührung der Hand erkennen konnte, behauptete, dass sie nie das Blinden-Alphabet beherrschte. Sie führte dies auf ihr Gitarrenspiel zurück, das ihre Fingerspitzen verhornt hatte. Nachdem sie das Institut verlassen hatte, benutzte sie Braille nur noch selten. Sie verließ sich mehr auf ihr Gedächtnis und ihr Training. Wenn sie ein Buch lesen wollte, ließ sie es sich vorlesen; nach einmaligem Vorlesen war der Inhalt in ihr bemerkenswertes Gedächtnis gespeichert.

Die Mathematik war ein »großes Ungeheuer«. Sie wurde auf Metalltafeln mit Löchern gelehrt; die Schüler konnten beim Arbeiten zählen und sich die Zahlen bewusst machen. Sie schaffte es Addieren und Subtrahieren zu lernen. Multiplizieren war schwerer, und als es ans Dividieren ging, sträubte sich Fanny ganz. »Ich bin nie eine besonders gute Hasserin gewesen«, sagte sie später, »noch nicht einmal, wenn das beste Material für diesen Zweck zur Verfügung stand; aber ich wurde zu einer Meisterin in der Kunst des Verabscheuens, was die Zahlenwissenschaft betraf.«

Manchmal wurde fortgeschrittenen Schülern aufgetragen, die neuen Schüler zu unterrichten. Anna Smith, die später eine von Fannys engsten Freundinnen wurde, bemühte sich, ihr Arithmetik beizubringen.

Bald schon wurde ihr klar, dass Fanny kein Talent für Zahlen hatte, und sie erzählte es Dr. Ruß. Der Direktor entschied weise, dass Fanny ihre Zeit mit anderen Studien sinnvoller verbringen könne und entschuldigte sie vom weiteren Arithmetikunterricht. »Von dieser Stunde an war ich ein neues Geschöpf«, erinnerte sich Fanny. »Welch einem Alptraum war ich entflohen!«

Fannys liebste Beschäftigung blieb das Schreiben von Gedichten. Sie versuchte, die aktuellen Dichter zu imitieren. Im Gegenzug bemühten sich ihre Schulkameraden, Fannys Dichtkunst zu imitieren. Sie wurde als geschickt genug angesehen, den Text zu einem Marsch von Anthony Reiff, einem sehenden Musiklehrer, zu dichten. 1837 wurde das Marschlied vom Chor des Instituts bei der Grundsteinlegung für das neue Schulgebäude gesungen.

Fannys Lehrer stellten jedoch fest, dass sie langsam »aufgeblasen« wurde. Dies wurde Dr. Silas Jones zur Kenntnis gebracht, dem Nachfolger von Dr. Ruß (1836). Eines Morgens rief er Fanny in sein Büro. Sie erwartete, dass man sie bitten würde, ein weiteres Gedicht »zu Ehren einer bemerkenswerten Person oder eines besonderen Anlasses« zu schreiben. Sie war deshalb verblüfft, als Jones ihr stattdessen einen ernsten Vortrag hielt. »Denke nicht zu viel über Reime und über das dafür geerntete Lob nach«, sagte er. »Fülle deinen Kopf mit sinnvollem Wissen und denke mehr darüber nach, was du *sein* kannst, als darüber, wie du *erscheinen* kannst.«

Fanny erinnerte sich, dass seine Worte »wie Bomben auf das Lager meiner mich selbst beglückwünschenden Gedanken fielen«. Heiße Tränen stiegen ihr in die Augen. Aber sie erholte sich, warf ihre Arme um seinen Hals und küsste ihn auf die Stirn. »Sie haben so mit mir gesprochen, wie es mein Vater getan hätte, wenn er noch am Leben wäre, und ich danke Ihnen dafür!«

In den kommenden Wochen und Monaten verbesserte sich die Qualität ihrer Gedichte rasch. Noch bevor sie zwanzig wurde, war sie die viel versprechendste Schülerin des Instituts. Sie beherrschte Klavier und Orgel und stand im Ruf, eine der besten Harfenistinnen Amerikas zu sein.

Jene Jahre am Institut waren gefüllt mit harter Arbeit und angenehmen Zerstreuungen. Obschon sie Anerkennung für ihre

Fortschritte und ihre Fähigkeiten erzielte, blieb sie ein lebhaftes Mädchen und in alle Streiche verwickelt.

Sie entschloss sich, Lehrerin zu werden, um ihre Mutter zu unterstützen. Obwohl sie keine der regulären Lehrkräfte war, wurde ihr die Aufgabe übertragen, Neuankömmlingen einige Fächer und Fertigkeiten zu lehren; gerade wie Anna Smith einst versucht hatte, ihr Arithmetik beizubringen.

Dr. Jones sorgte sich, dass Fanny einen zu großen Teil ihrer Zeit der Poesie widmete und ihre anderweitigen Studien vernachlässigte. Er wollte feststellen, ob sie echtes Talent besaß oder ob sie einer dieser Menschen war, die Verse schreiben, weil sie Poesie lieben. Er verbot ihr für die nächsten drei Monate, in irgendeiner Form zu dichten. Er argumentierte, dass sie, wenn sie eine echte Dichterin sei, dieser »Feuerprobe« nicht standhalten könne; wenn sie jedoch lediglich eine Dilettantin sei, würde ihr diese Zwangspause nichts ausmachen.

Sie wurde so verzweifelt, dass sie nichts zustande bringen konnte. Nach sechs Wochen des Versagens im Unterricht rief Jones sie in sein Büro und verlangte den Grund für die schlechten Leistungen zu wissen.

Fannys einzige Entschuldigung war, dass die Poesie ihre Gedanken so sehr beschäftige, dass es ihr unmöglich sei, sich auf andere Dinge zu konzentrieren, solange ihr das Niederschreiben verboten sei. Überzeugt davon, dass sie eine wahre Dichterin sei, stimmte Jones zu, dass sie Gedichte schreiben dürfe, wenn sie den Vorlesungen mehr Aufmerksamkeit schenken würde.

Bald darauf wurde das Institut von George Combe (1778–1858) besucht, einem schottischen Facharzt für Phrenologie. Als überzeugter Anhänger der These, dass die Persönlichkeit durch die Form und die Beschaffenheit des Schädels festgelegt sei, studierte Combe Fannys Kopf und rief aus: »Na, was sag ich denn, dies hier ist eine Dichterin! Öffnet ihr alle Möglichkeiten! Lest ihr die besten Bücher vor und lehrt sie, die beste Poesie schätzen zu lernen!«

Daraufhin fand Jones für Fanny einen Lehrer für Poetische Dichtung: Hamilton Murray, der von sich sagte, dass er zwar selbst nicht dichten, es jedoch andere lehren könne. Murray las Fanny lange Abschnitte von Gedichten vor und verlangte von ihr, dass sie diese auswendig lernte. Er lehrte sie den richtigen Gebrauch von Reim, Rhythmus und Versmaß, zeigte ihr die Schwachstellen ihrer Dichtkunst und ließ sie die Werke bekannter Dichter imitieren.

Er war sehr streng. Sie lernte von ihm nicht nur die Arbeitstechniken der Poesie, sondern auch die Geschwindigkeit der Dichtung. Dank seiner Disziplin war es ihr in späteren Jahren möglich, bis zu einem Dutzend Erweckungslieder pro Tag »herbeizuzaubern«. Für alles, was Murray sie lehrte, war sie ihm zeitlebens dankbar.

Die blinde Dichterin

Während Fanny die viel versprechendste Schülerin des Instituts wurde, begann ihre Mutter ein neues Leben. Im Jahre 1836 verließ Mercy North Salem, um zu ihrem Bruder Joseph und dessen Familie nach Bridgeport zu ziehen. Dort traf sie Thomas Morris, einen Witwer mit drei Kindern, und heiratete ihn im Februar 1838. Im nächsten Jahr gebar sie, vierzig Jahre alt, eine Tochter, die Wilhelmina genannt wurde. Zu jedermanns, einschließlich Fannys, schrecklichem Kummer starb das Kind im Säuglingsalter. Im darauf folgenden Jahr gebar Mercy noch eine Tochter. Man nannte sie Julia und rief sie Jule.

Als glühende Demokratin verbrachte Fanny im Herbst 1840 viel Zeit damit, Verse gegen den Whig-Rivalen, den sehr beliebten General William Henry Harrison, zu schreiben. Trotz ihrer Bemühungen wurde Harrison gewählt, und als er nach nur einem Monat im Amt verstarb, war Fanny zufrieden, das poetische Kriegsbeil zu begraben. Ihre konventionelle romantische Elegie im frühamerikanischen Stil erregte – vielleicht, weil sie von einer blinden Frau gedichtet worden war – beträchtliche Aufmerksamkeit durch ihre Veröffentlichung im *New York Herald.* Der stolze Großvater Sylvanus, der immer noch in Gayville lebte, lief vier Meilen zur Stadt und zurück, um sich eine Zeitung zu kaufen.

Dadurch wuchs Fannys Ruf als »blinde Dichterin«. Die Schüler des Instituts wurden oft in Schulen, Kirchen und anderweitig eingeladen, um anschaulich zu demonstrieren, was Blinde zu leisten imstande waren.

Sie stellten Braille-Vorlesungen in Geographie, Geschichte, Arithmetik und anderen Fächern vor sowie Lieder und Rezitationen. Fanny sang und spielte Klavier, Orgel und Harfe. Der Vortrag wurde immer mit einer ihrer »originellen poetischen Ansprachen« abgeschlossen. Diese Stücke voller gebräuchlicher poetischer Sprache waren nicht in einem plötzlichen Impuls als Spiegel der Ergüsse ihrer Seele geschrieben worden, sondern auf die Bitte des Institutsleiters hin, um finanzielle Unterstützung zu erhalten. Es lag kein außergewöhnliches Verdienst in den meisten dieser Gedichte, obwohl Form und Stil tadellos waren.

Ihre Zuhörer waren nicht so sehr an ihrem dichterischen

Talent interessiert, sondern vielmehr an ihrer Bildbarkeit. Sie war sozusagen die Hausdichterin des Instituts, und als sie sich nach und nach einen Namen machte, war dies nicht nur wegen dem, was sie schrieb, sondern auch wegen dem, was sie symbolisierte.

Nichtsdestoweniger waren die Zuhörer von gewissen Eigenschaften ihrer Poesie berührt, besonders von ihrem Talent zum Beschreiben. Fanny war viel beeindruckender, wenn sie bei Abendgesellschaften rezitierte, als bei offizielleren Anlässen, denn in der weniger formellen Atmosphäre konnte sie Gedichte vortragen, zu denen sie wirklich inspiriert worden war. In einigen ihrer Lückenverse kam ihr phantastisches Talent zum Beschreiben zum Vorschein.

Fanny wurde bei vielen Besuchen berühmter Leute, welche in der ersten Zeit aus neugierigem Interesse für dieses neue Phänomen der Blindenbildung das Institut besuchten, zum Rezitieren gerufen. An einem Junitag erschien plötzlich Präsident John Tyler mit dem Bürgermeister der Stadt New York und dem gesamten Stadtrat. Der neue Direktor Peter Vroom eilte in Fannys Zimmer und erzählte ihr von den Besuchern, die im Empfangsraum warteten. Innerhalb von fünfzehn Minuten dichtete Fanny eine poetische Begrüßung für den Präsidenten der Vereinigten Staaten. Zum festgesetzten Zeitpunkt war das Gedicht fertig. Fanny trug es den bedeutenden Besuchern vor und sang danach ein Lied.

Auch William Henry Seward, der Gouverneur von New York und spätere Außenminister Lincolns, besuchte das Institut, ebenso wie prominente Besucher aus Übersee. 1843 kam Napoleons alter Feldmarschall Henri Gratien Graf Bertrand (1773–1844), der bis zu seiner Begnadigung mit seinem Herrn im Exil auf St. Helena gewesen war. Fanny rezitierte ein zu Ehren des alten Soldaten geschriebenes Gedicht. Bertrand war tief gerührt.

Im Sommer 1842 beschloss der Verwaltungsrat, dass zwanzig der besten Schüler des Instituts die mittlere Region des Staates New York bereisen sollten, um die Bildbarkeit von Blinden zu demonstrieren und Eltern blinder Kinder zu bewegen, diese in die New Yorker Schule zu schicken. Natürlich gehörte »die blinde Dichterin« zu dieser Gruppe.

Sie reisten nach Westen auf dem Erie-Kanal, der »Hauptstraße der Wogen«, wie Fanny ihn nannte. Von Maultieren gezogene Postschiffe kreuzten ihren Weg, beladen mit Fracht und

Passagieren. In einem davon reisten Fanny und ihre Kollegen nach Schenectady, Rome, Utica, Syracuse, Rochester und Buffalo. In jeder Stadt und in einigen Dörfern entlang des Weges gab es einen Empfang. Der Bürgermeister und prominente Bürger hielten Ansprachen und hunderte von Städtern versammelten sich, angezogen von den merkwürdigen Erzählungen über Blinde, denen man Nützliches beigebracht hatte. Die Institutsschüler sangen, tanzten, hielten Reden und beschrieben ihre Schule. Fanny spielte Klavier und Harfe, sang und trug Gedichte vor.

Im folgenden Sommer wurde Fanny für eine weitere Gruppenreise durch den Staat New York ausgewählt. Sie fand es öde, »Ausstellungsstück Nummer eins« zu sein, von Stadt zu Stadt zu reisen und Reden aufgeblasener Bürgermeister sowie blumige und unehrliche Unterstützungsversprechen herablassender Funktionäre zu hören. Die Leute stellten jene aufreizende Frage: »Wie lange – äh, hm – geht es Ihnen schon so?« Oft fragten sie, wie Blinde es schafften, beim Essen die Speisen zum Mund zu führen; Fanny antwortete darauf gerne, dass sie eine Schnur nähmen, das eine Ende an ein Stuhlbein bänden und das andere an ihre Zunge und das Essen an dieser Schnur entlang zu ihren Mündern transportierten.

Mehrere Wochen des Beantwortens solcher Fragen und des Dichtens »origineller poetischer Ansprachen«, die an jeder Station der Reise verlesen wurden, erschöpften sie vollkommen.

Die Reise brachte Fanny einen Gewinn, der sich erst fünfzehn Jahre später auszahlen sollte. In Oswego war eine Frau dermaßen beeindruckt, dass sie beschloss, ihren blinden Sohn zum Institut zu schicken. Sie stellte Fanny den Jungen vor und bat sie, sich seiner bei seiner Ankunft persönlich anzunehmen. »Kümmern Sie sich gut um meinen Jungen«, sagte Mary Van Alstine – nicht ahnend, dass Fanny sich so gut um den kleinen Alexander kümmern würde, dass er sie einst heiraten würde!

In jenem Herbst war Fanny eine reguläre Unterrichtskraft des Instituts. Sie lehrte Rhetorik, Grammatik und römische und amerikanische Geschichte. Die Vorbereitung des Unterrichts kostete sie große Mühe. Obwohl sie am Ende des Tages erschöpft war, blieb sie oft noch bis zwei Uhr morgens wach und dichtete.

Die Anstrengung ihrer Lehrtätigkeit im Anschluss an die Sommerreise war verheerend. Dem Institutsarzt J. W. G. Clements war bewusst, dass sie Ruhe brauchte und er schlug vor, dass sie für eine Weile auf ihren Unterricht und außerdem auf einen geplanten baldigen Besuch in Washington verzichten solle, bei dem sie vor Kongressmitgliedern Gedichte vortragen sollte. Fanny sehnte sich danach, nach Washington zu reisen, und zum Schluss entschied Clements, dass sie sich möglicherweise in ein Fieber hineinsteigern würde, wenn man sie nicht fahren ließe.

Ihre Freude über die Erlaubnis zu dieser Reise wandelte sich in Besorgnis, als sie erfuhr, welches Gewicht ihr Vortrag haben würde. Der Verwaltungsrat forderte vom Kongress die gesetzliche Grundlage für die Gründung von Blindeninstituten sowie für die kostenlose Ausbildung von blinden Kindern in allen Staaten der Union. Man hoffte, dass Fannys Dichtkunst dem Kongress zu Herzen gehen würde.

Am Abend des 24. Januar 1844 gaben siebzehn Schüler des Instituts ihr »Konzert mit Vorführung«. Als Höhepunkt eines Programmes mit musikalischen Darbietungen und Grammatik- und Mathematikprüfungen rezitierte Fanny die dreizehn Strophen ihres Gedichtes. Die Kongressmitglieder brachen in solch einen lauten Applaus aus, dass es sich für Fanny wie Donner anhörte und sie Angst bekam.

Sie bestanden auf einer Zugabe. Sie entschloss sich zu einem Trauerlied, dass sie im vorangegangenen Sommer anlässlich des plötzlichen Todes von Hugh Legare gedichtet hatte, Tylers »betrauertem Außenminister«, der während der Grundsteinlegung für das neue Bunker Hill-Denkmal einem Herzanfall erlegen war. Am Ende ihres Vortrages schluchzten die Kongressmitglieder hörbar. Legares Schwester wartete am Ausgang auf Fanny und schenkte ihr einen schönen Ring. Der barsche frühere Präsident John Quincy Adams drückte ihr fest die Hand.

Trotz alles Schluchzens jedoch verabschiedete der Kongress nicht den Gesetzesvorschlag des Instituts.

Bei ihrer Rückkehr nach New York war Fanny einem Zusammenbruch nahe und hielt in diesem Frühjahr keinen Unterricht ab, sondern verbrachte die Zeit mit der Arbeit an dem ersten Gedichtband, den sie veröffentlichen würde. Bis zum April war *Das blinde Mädchen und andere Gedichte* fertig. Das einhundertsechzigseitige Buch enthielt ein Vorwort, das von ihrem Freund und Mentor Hamilton Murray geschrieben worden war. Da das Beschaffen von Geldmitteln für das Institut einer der Gründe für die Veröffentlichung des Buches war, benutzte Murray das Vorwort für einen Spendenaufruf: Er betonte in ominösen Worten die »schwindende Gesundheit« der Dichterin.

Die Verleger wünschten eine Daguerreotypie-Aufnahme der Autorin für die Titelseite. Die Sitzung war für Fanny eine ziemliche Tortur. Die Aufnahme dauerte mehrere Minuten und solange musste Fanny absolut unbeweglich sitzen.

Interessanterweise ist diese erste Fotografie das einzige bekannte Bild, auf dem Fanny lächelt! Sie schien damals nicht in schlechter gesundheitlicher Verfassung gewesen zu sein. Sie war nur 1,45 m groß und behauptete, zu keiner Zeit ihres Lebens mehr als neunzig Pfund gewogen zu haben, aber von allen ihren Fotos zeigt dies sie mit dem meisten Gewicht.

Sie war keine Schönheit. Das Foto zeigt ein ziemlich langes Pferdegesicht und ein kleines stumpfes Näschen. Die zu einem Lächeln leicht geöffneten Lippen enthüllen etwas vorstehende Schneidezähne mit einer Lücke dazwischen. Dunkle rechteckige Brillengläser verdecken die blinden Augen vollkommen. Die Ohren sind »henkelförmig«. Das Haar ist dicht, dunkel und wellig, in der Mitte gescheitelt und nach hinten gekämmt, und fällt in Locken bis auf die Schultern.

Das Buch verkaufte sich recht gut und der Name Fanny Crosby gewann an Bekanntheit. Jedoch: War sie nur eine kommerzielle Schreiberin oder hatte sie wirklich Begabung?

»Die blinde Dichterin« schien eher wegen ihrer Blindheit denn als Dichterin bekannt geworden zu sein. Von den meisten Leuten wurde sie als ein Beispiel dafür angesehen, was Blinde schaffen können, und ihre Poesie wurde einfach als Ausdruck dieser erweiterten Bildung angesehen. Allerdings hätten ihre Gedichte auch dann Beachtung erfordert, wenn sie von einer sehenden Person gestammt hätten.

Es ist nicht bekannt, wie viele weltliche Gedichte sie schrieb, aber die Zahl geht sicherlich in die Tausende. Sie schrieb Verse für alle Anlässe in ihrem Leben und dem ihrer Freunde: Hochzeiten, Jahrestage, Geburtstage, Beerdigungen, kirchliche Feierlichkeiten, Anlässe von nationaler Bedeutung, Teegesellschaften. Immer, wenn sie die Wohnung einer Freundin nach einem Besuch verließ, widmete sie ihrer Gastgeberin einige Verszeilen. In normalen alltäglichen Unterhaltungen benutzte sie gerne poetische oder gleichsam poetische Wendungen, wie: »Im Institut berührte ich das poetische Gewand von Mr. Sigourney, saß lange zu Füßen von Bayard Taylor, stillte den Durst meiner Seele an den lebendigen Strömen von Frances Ridley Havergal und trank in langen Zügen aus den Kelchen von Longfellow, Whittier, Holmes und Lowell.« Sie sprach auch gerne in spontanen Versen, so nach Abschluss eines Diners: »So wahr wie ich eine Sünderin bin, dies herrliche Essen war ein Gewinn.«

Ihre Beiträge erschienen regelmäßig in den Feuilletons verschiedener New Yorker Zeitungen. Insgesamt sollte sie vier Gedichtbände veröffentlichen: *Das blinde Mädchen* (1844), *Monterey und andere Gedichte* (1851), *Ein Kranz aus Columbias Blumen* (1858) und *Abendglocken* (1897).

Die Qualität ihrer Verse war extrem unterschiedlich. Viele ihrer veröffentlichten Gedichte sind schwach und durchschnittlich, manche sogar eklatant schlecht. Dennoch war derselbe Geist, der manche erschreckend banale Zeilen verfasste, zum Dichten dieses Auszugs aus »Samson bei den Philistern« fähig:

His hair had grown. He knew it. But his eyes –
Would they return? Would he again behold
Or sun or moon or stars or human face?
O, heaven! In all our catalogue of woes
Can there be one that so afflicts the mind
And rends the very fibres of the heart
Like that which comes, when in our riper years,
We lose, and by a single stroke of Thine,
That sense, which of all others, most we prize,
That glorious avenue through which we range
The fields of science, poesy, and art,
And trace Thee in Thy excellence divine
Where Thou hast left Thy Name in living light
On Truth's immortal page, Thy Holy Book?
O, to be left at midday in the dark!
To wander on and on in moonless night!
To know the windows of the soul are closed,
And closed till opened in eternity!
They who have felt can tell how deep the gloom,
And only they who in their souls have learned
To walk by faith and lean on God for help,
To such a lot can e'er be reconciled.

Sein Haar war gewachsen. Er wusste es.
Seine Augen jedoch –
würden sie wiederkehren? Würde er wieder sehen –
die Sonne, den Mond, die Sterne oder ein
menschliches Angesicht?
O, Himmel! In der langen Liste unserer Leiden,
kann es da eines geben, das den Sinn so bedrückt
und sogar die Fasern des Herzens zerreißt
wie jenes, das in unseren reifer'n Jahren kommt,
wenn wir durch einen einzigen Streich von dir
jenen Sinn verlieren, welchen wir von allen
am höchsten schätzen,
jenen glorreichen Zugang, durch den wir
die Felder der Wissenschaft, Poesie und
Kunst durchstreifen
und dich in deiner göttlichen Herrlichkeit suchen,
wo du deinen Namen in lebendigem Licht
auf dem unsterblichen Blatt der Wahrheit,
in deinem Heiligen Buch, hinterlassen hast?
O, in der Mitte des Tages im Dunkeln zu sein!
Immer weiter zu wandern in mondloser Nacht!
Zu wissen, dass die Fenster der Seele
verschlossen sind,
bis sie in der Ewigkeit geöffnet werden!
Jene, die es fühlten, können davon erzählen,
wie tief die Schwermut ist,
und nur jene, deren Seelen es gelernt haben,
im Glauben zu gehen und sich an Gott
um Hilfe anzulehnen,
können sich je mit einem solchen Schicksal
aussöhnen.

Sie schrieb im Stile der beliebten Dichter ihrer Zeit. Ein Großteil deren Dichtkunst war nichts Besonderes, aber der Durchschnittsleser erwartete von Dichtern auch keine Tiefsinnigkeiten; Dichter sollten Gefühle entfachen durch die Behandlung von bekannten Themen wie Heimat, Mutterschaft, unerwiderte Liebe, Patriotismus, Leid und Tod. Der Erfolg eines Dichters wurde daran gemessen, wie leicht und wie sehr er den Leser zum Weinen bringen konnte.

Während dieser literarischen Ära schrieb Fanny Crosby die meisten ihrer weltlichen Gedichte, und wie viele andere gängige Dichter versuchte sie, einfache sentimentale Themen in Reime zu kleiden. Sie konnte Gefühle aufwühlen. Sie beschäftigte sich mit alltäglichen Vorgängen und rührte die Herzen der Menschen weniger durch hochtrabende Sprache als durch anrührende Beispiele und Bezüge.

Sie erlangte nie Berühmtheit als große Poetin, denn sie hatte nur wenige Gelegenheiten, ernst zu nehmende Gedichte zu schreiben. Es wurde von ihr erwartet, dass sie »die blinde Dichterin« war, welche die Aufmerksamkeit auf das Institut und auf die Notlage der Blinden lenkte. Ihre Rolle war die eines weiblichen Entertainers, der dem Institut zu Spendengeldern verhalf.

Sie war zufrieden mit dieser Rolle. Sie war dem Institut dafür dankbar, dass sie eine hervorragende kostenfreie Ausbildung erhalten hatte und war deshalb gewillt, alles zu tun, um dessen Sache dienlich zu sein – sogar wenn das hieß, echtes dichterisches Potential zu opfern.

Präsidenten, Generäle und Gören

Der Erfolg als »die blinde Dichterin« stieg Fanny nicht zu Kopf.

Eines Nachmittags wurde sie gebeten, einen Besucher durch das Institut zu führen. Während des Rundganges sah der Mann zufällig einen Stapel Bände von *Das blinde Mädchen.* »Oh, das ist das Buch von Fanny Crosby«, sagte er begeistert. »Ich nehme an, Sie kennen sie.« Statt ihn dafür zu tadeln, dass er solch eine literarische Persönlichkeit nicht auf den ersten Blick erkannte (immerhin war ihr Bild auf der Umschlagseite), nickte sie nur.

»Ist sie ein sympathisches Mädchen?«

»Oh, nein!«, sagte sie und schüttelte ernsthaft ihre schwarzen Locken. »Weit gefehlt!«

Er kaufte eines der Bücher und ließ Fanny seine Karte da. Als er gegangen war, stellte sie fest, dass der Besucher kein Geringerer als Johann Ludwig Tellkampf gewesen war, ein bekannter Professor des Columbia College.

Durch den Verkauf von *Das blinde Mädchen* wurde der Name Fanny Crosby in vielen Haushalten von New York und den umliegenden Neuenglandstaaten bekannt. Wie stolz ihr Großvater gewesen wäre – aber leider lag Sylvanus mittlerweile auf dem kleinen Friedhof von Doanesburg begraben.

Sie war überarbeitet und ihre Konstitution in alarmierender Weise angegriffen. Dr. Clements fürchtete einen Zusammenbruch und verordnete, dass Fanny den Sommer in vollkommener Ruhe zu Hause verbringen solle.

Sowohl freudige als auch tragische Vorkommnisse hatten sich dort seit ihrem letzten Besuch vor zwei Jahren ereignet. Am Weihnachtstag des Jahres 1843 hatte Mercy ihren Ehemann mit einem lebendigen Geschenk überrascht: ihre dritte gemeinsame Tochter Carolyn.

Im Frühjahr schlug das Unglück zu. Thomas Morris verließ Mercy und zog nach Illinois, um sich Joseph Smith anzuschließen, dem »Propheten« der Kirche Jesu Christi der Heiligen der Letzten Tage. Thomas nahm zwei seiner Kinder von seiner ersten Frau mit. Dem fünfzehnjährigen William jedoch, seinem ältesten Kind, lag nichts an diesem Abenteuer; er hielt sich bis zur Abreise seines Vaters versteckt und blieb bei seiner Stiefmutter. Thomas beschloss seine Tage in Utah als Gärtner von Brigham Young, dem Nachfolger von Smith.

Direkt nach diesem tragischen Weggang kam Fanny wieder heim in den Haushalt ihrer Mutter. Die Ruhe und die veränderte Umgebung waren genau das, was sie gebraucht hatte. Im September kehrte Fanny zum Erstaunen ihrer Kollegen in bester Gesundheit zurück nach New York. Fanny schlüpfte schnell wieder in die Routine des Unterrichtens und des Rezitierens ihrer Gedichte für die Würdenträger, die das Institut besuchten. Während des Sommers hatte sich *Das blinde Mädchen* weiter in den literarischen Kreisen der Ostküste verbreitet.

Eine berühmte Person, die bereits das Institut besucht hatte und nun ein neues Interesse an Fanny entwickelte, war der bekannte Zeitungsverleger Horace Greeley (1811–1872).

Er lud sie ein, Gedichte in seiner Zeitung, der *New York Tribune*, zu veröffentlichen. Es war ein einflussreiches liberales Blatt, das die Whig-Partei und die Sozialreform unterstützte.

Obwohl sie eine Demokratin war, hatte Fanny fortschrittliche politische und soziale Ansichten und bewunderte Greeley und die meisten der Ideen, für die sein Blatt eintrat.

Sie nahm sein Angebot an. »Ich wusste in dieser Nacht kaum, ob ich zu meinem Zimmer lief oder flog«, schrieb sie. »Ich war so stolz darauf, von solch einem großartigen Geist wie Horace Greeley als Dichterin anerkannt worden zu sein.« Zu dieser Zeit schrieb Fanny für mehrere Zeitschriften: James Gordon Bennetts *New York Herald*, das *Saturday Emporium*, die *Saturday Evening Post* und das Clintoner *Signal*.

Im Herbst jenes Jahres führte sie der frühere Präsident Martin Van Buren zum Essen aus. Als Mann von Mode und Eleganz war Van Buren entzückt von seinem jungen Gast, und Fanny mochte den Politiker mittleren Alters ebenfalls. »Bis zu seinem Todestag«, schrieb sie später, »blieb er einer meiner engsten Freunde.« Was sie als »engste Freunde« bezeichnete, ist fraglich. Noch im hohen Alter beeindruckte Fanny trotz ihrer Frömmigkeit andere Menschen gerne mit großen Namen und nannte Prominente oft »enge Freunde«, auch wenn sie diese nur einige Male getroffen hatte.

Im nächsten Jahr hatte Fanny die Ehre, »ihren« vierten Präsidenten kennen zu lernen, den gerade eingeführten James K. Polk. Polk und sein Stab statteten dem Institut einen offiziellen Besuch ab, und Fanny wurde wie üblich hinzugezogen, um ein Willkommensgedicht vorzutragen.

Im April 1846 war Fanny in Washington und wieder einmal in Gesellschaft des Präsidenten. Abordnungen der Blindeninstitute von Boston, Philadelphia und New York erschienen vor dem Kongress – auch diesmal im Auftrag derer, die kostenfreie Blindeninstitute in allen Staaten einrichten wollten. Die Bemühung war erfolglos, aber Fanny erneuerte ihre Bekanntschaft mit Präsident Polk, als sie anlässlich eines Abendessens für sie und ihre Kollegen im Weißen Haus ein Lied sang, das sie ihm gewidmet hatte. Sie traf außerdem den früheren Präsidenten John Quincy Adams, der zu jener Zeit ein geachtetes Mitglied des Kongresses war. Und sie wurde vielen anderen Mitgliedern des Kongresses vorgestellt, unter anderen den beiden zukünftigen Präsidenten James Buchanan und Andrew Johnson.

Nach ihrer Rückkehr in das Institut wurde Fanny manchmal ihrer Stellung als »Hofdichterin« überdrüssig. Es war lästig, wenn von einem »immer, wenn etwas Ungewöhnliches passierte, erwartet wurde, den Anlass in Rhythmus und Versmaß fortleben zu lassen«. Dennoch war es dies, was ihr Publikum erwartete. Zum Beispiel sah sich Fanny – oder »Fan«, wie sie jetzt oft genannt wurde – genötigt, das Töten einer Maus durch ein Mädchen im Institut in Versen zu würdigen. Bei anderer Gelegenheit wurde sie gebeten, über einen Vorfall zu schreiben, bei dem einer der Lehrer des Instituts erwachte und eine Maus in seinem langen, ungepflegten Haar fand. Auch wenn sie leicht verärgert war, wenn man sie um das Schreiben solchen Unsinns bat, tat Fanny den Gefallen, obwohl sie dadurch Zeit opferte, die sie ansonsten dem Schreiben echter Poesie gewidmet hätte.

Immer wenn sie vom Tod einer prominenten Persönlichkeit erfuhr, setzte sie sich hin und verfasste ein Trauergedicht. Im Februar 1848 erlag John Quincy Adams einer Gehirnblutung. Fanny verfasste eine Elegie mit dem Titel »Weint nicht um die Toten!« in welcher sie das heidnische Sinnbild benutzte und die Seele des Toten in Form eines Vogels darstellte.

Unter jenen, die an seiner Beerdigung zwei Wochen später teilnahmen, war Henry Clay, der beliebte Senator und vielversprechende Präsidentschaftsanwärter aus Kentucky. Am folgenden Tag stattete Clay dem Blindeninstitut einen Besuch ab. Der gegenwärtige Direktor James Chamberlain gab ihm eine weitschweifige Einführung während eines formellen Empfangs. Chamberlain stellte Fanny dem Senator vor, und als sie ein Begrüßungsgedicht vortrug, bemerkte ein Reporter des *He-*

rald, dass Clay »sehr berührt« schien. Als sie fertig war, hakte Clay sie unter und führte sie an den Rand des Podiums. Er sprach zu dem Publikum: »Dies ist nicht das einzige Gedicht, für das ich dieser Dame Dank schulde. Vor sechs Monaten sandte sie mir einige Zeilen anlässlich des Todes meines lieben Sohnes.«

In der Tat hatte Fanny »Zum Tode von Oberst Clay« geschrieben zur Erinnerung an Henry Clay junior, der im Mexikanischen Krieg gefallen war. Freunde hatten sie dazu überredet, dem Senator eine Abschrift zu schicken. Seine Stimme zitterte, als er dem Publikum von dem Gedicht erzählte. Dann »schwieg er minutenlang, während wir beide weinend dort standen«, erinnerte sich Fanny.

Zwei Wochen später besuchte General Winfield Scott, der Held des Mexikanischen Krieges, unerwartet die Studenten. Während Chamberlain sich hektisch bemühte, ein Willkommensprogramm für den »Alten Wirbelmacher« zusammenzustellen, wurde Fanny gerufen, um ihn im Empfangszimmer zu unterhalten.

Fanny war ihr Leben lang vom Krieg fasziniert – was uns unvereinbar mit allem anderen erscheint, was wir von ihrer Sanftheit und Empfindsamkeit wissen. Selbst als sie schon eine alte Frau war, war sie immer noch stolz auf die Tatsache, dass Verwandte von ihr bei jedem militärischen Konflikt mitgekämpft hatten, an dem die Vereinigten Staaten je beteiligt gewesen waren, von der Amerikanischen Revolution bis hin zum Spanisch-Amerikanischen Krieg und dem Boxeraufstand. Sie hatte Präsident Polks Politik im Mexikanischen Krieg begeistert unterstützt und hatte mehrere Gedichte geschrieben, in denen sie den furchtbaren Konflikt mit Zeilen wie diesen verherrlicht hatte:

In the halls of Mont'zuma
Now revel the grave,
'Tis thine arm that hath
Conquered the Mexican slave,
Thou hast burned thy sword
In the enemy's breast,
They quailed at thy glance –
Thou hast laid them to rest.

In den Hallen Montezumas
feiert nun der Tod sein Fest,
dein Arm war es, der den
mexikanischen Sklaven besiegt hat;
du hast dein Schwert
in des Feindes Brust versenkt,
sie zitterten vor deinem Blick –
du hast sie zur Ruhe gebettet.

Sie rezitierte einige dieser Zeilen für Scott, und sie waren selbst für den Soldaten zu viel. Er war abgestoßen.

Fanny sprudelte hervor: »Wie war es wirklich für Sie, General, als Sie sich in den Hallen Montezumas wieder fanden? War Ihnen nach Jauchzen zumute?«

Der General knurrte: »Nein. Mir war danach, in die Knie zu sinken und Gott für den Sieg zu danken.«

Er sprach weiter zu Fanny: »Der Krieg ist etwas Schreckliches, demoralisierend, entwürdigend, grausam und verheerend in all seinen direkten Auswirkungen.«

Fanny vergaß niemals diese Feststellung des Generals. Es verwirrte sie, dass ein so hoch geschätzter militärischer Held mit solchem Abscheu von seinem Lebenszweck sprach.

In jenem Sommer besuchte der Präsident unerwartet und ohne Begleitung das Institut. Polk, der keinen Wert auf seine Wiederwahl legte, war in schlechter gesundheitlicher Verfassung und teilte den verblüfften Verwaltungsleuten mit, dass er keinen Empfang wünsche. Er war zufällig in der Stadt gewesen und war nur zum Ausruhen auf das Gelände gekommen, denn er hatte sich an die friedliche Schönheit der Anlage erinnert. Da Fanny und Polk miteinander bekannt waren, bat Chamberlain sie, den Präsidenten auf einem gemächlichen Spaziergang zu begleiten.

Obwohl sie mit Präsidenten spazieren ging, verlor Fanny nie ihre einfache Art. In all den Jahren, in denen sie die Hauptattraktion des New Yorker Blindeninstituts war, wurde sie von ihren Schülern als hingebungsvolle Lehrerin und herzliche Freundin geliebt.

Am Kreuz

War 1848 das Jahr berühmter Besucher im Institut, so gab es auch 1849 einen Besucher, allerdings einen weniger freundlichen. Der Gast, dessen Besuch die stärkste Nachwirkung auf das Institut – wie auch auf einen großen Teil Amerikas – hatte, war die schreckliche Seuche aus dem Orient.

»Das Bleiche Pferd«, die Cholera, begann 1846 durch Russland, Indien und Persien zu galoppieren. Innerhalb weniger Monate starben in Persien zwanzigtausend Menschen. Als der Frühling des Jahres 1849 anbrach, wurden in Großbritannien siebzigtausend Tote registriert. Die Amerikaner erwarteten von Furcht gepackt den Ausbruch der Seuche.

Im Institut beruhigten Fanny und andere die ängstlicheren Bewohner mit der Versicherung, dass die Zukunft in Gottes Händen liege. Ebenso wie es ihr Jahre vorher ihre Großmutter eingeprägt hatte, prägte Fanny nun ihren Schülern ein, dass »der gute Freund dort oben, der bisher so gnädig zu uns gewesen war, uns jetzt nicht verlassen wird; dass er alle Dinge zu unserem Besten tut, sowohl in dieser als auch in der nächsten Welt ... Und so beteten wir – und warteten«.

Ein Passagierschiff brachte die Epidemie im Dezember 1848 nach New Orleans, wo dreitausendfünfhundert Menschen starben. Das bleiche Schreckgespenst drang unsichtbar in die Segelschiffe, die Flachboote und die Dampfschiffe ein, die den südlichen Hafen verließen. Im Mai brach die Cholera an der Ostküste aus.

Direktor Chamberlain dachte, dass es das Beste wäre, die Schüler frühzeitig aus dem Institut in die Ferien zu entlassen, da die Krankheit auf dem Land weitaus weniger stark grassierte als in den dicht bevölkerten Gebieten. Da jedoch einige Schüler aus verschiedenen Gründen nicht in ihre Heimat zurückkehren konnten, blieben Fanny und mehrere andere Lehrkräfte zurück, »überzeugt, dass Gott für uns sorgen würde und dass wir von Nutzen sein konnten«.

Am 17. Mai starben drei Menschen in einem Mietshaus im unteren Manhattan an Cholera. Die Seuche hatte New York erreicht.

Fanny meldete sich freiwillig als Schwester, um dem Institutsarzt Dr. Clements zur Hand zu gehen. Sie verbrachte ihre

Zeit damit, »Cholerapillen« herzustellen – zwei Drittel Kalomel und ein Drittel Opium.

Bis Mitte Juni starben in Manhattan fünfhundert bis achthundert Leute pro Woche. Ende des Monats wurde eine Schule, die einen Häuserblock vom Institut entfernt lag, in ein Cholerahospital umgewandelt. Hier plagten sich Dr. Clements und Fanny, um den Notleidenden beizustehen. Zehn Schüler des Instituts starben.

Fanny wurde zunehmend von der Mühsal im Hospital übermannt. »Die Schrecken der Situation wurden für uns von Tag zu Tag größer«, schrieb sie. Noch ein halbes Jahrhundert später konnte sie den barschen Ruf des Karrenlenkers hören: »Bringt eure Toten heraus!« Wenn ihre Patienten starben, wurden sie so schnell und unauffällig wie möglich weggeschafft, aber »ich erinnere mich wohl an mein Erschrecken, wenn ich manchmal auf meinem Weg von einem Zimmer zum nächsten in den Gängen über Särge stolperte«.

Auf dem Höhepunkt der Epidemie wurde Fanny gebeten, den weißhaarigen irischen Priester Pater Theobald Mathew mit einem Gedicht willkommen zu heißen, der sich diesen schrecklichen Zeitpunkt ausgesucht hatte, um das Blindeninstitut zu studieren. Pater Mathew hatte auf beiden Seiten des Atlantischen Ozeans einen gewaltigen Ruf als Evangelist. Er war ein großer Verfechter der Abstinenz; im Laufe seines Lebens hatte er fast siebenhunderttausend Menschen dazu gebracht, dem Alkohol abzuschwören und totale Alkoholabstinenz zu geloben.

Es wurde außerdem von ihm erzählt, dass er viele Wunderheilungen durchgeführt habe. Sein Besuch war »wie der Besuch eines Engels in einem Totenhaus«, berichtete Fanny. Der Priester war von Fannys großer Frömmigkeit beeindruckt und bevor er abreiste, legte er ihr segnend die Hände auf den Kopf. »Seine Berührung erschien mir wie die eines Heiligen, dem für einen einzigen kurzen Moment erlaubt worden war, seinen Aufenthaltsort im Himmel zu verlassen, um die trostlosen Erdenkinder aufzuheitern.« Vielleicht entwickelte Fanny ihre große Liebe und ihren tiefen Respekt für die römisch-katholische Kirche aufgrund der Persönlichkeit von Pater Mathew.

Fanny war nicht in der Lage, den Schrecken dieses Sommers standzuhalten. Man hatte sie bereits zu einer dreitägigen Ruhepause nach Brooklyn geschickt, doch kurz nach diesem

Besuch schien es ihr gewiss, dass sie selbst mit Cholera infiziert war. Sie nahm eine großzügige Dosis der von ihr selbst hergestellten Cholerapillen und ging zu Bett. Am nächsten Morgen waren alle Symptome verschwunden; als Chamberlain jedoch hörte, dass sich seine meistgeschätzte Lehrkraft beinahe selbst mit der Seuche angesteckt hatte, befahl er ihr, Urlaub zu nehmen. So kam es, dass Fanny Anfang August nach Bridgeport abreiste, wo sie bis zum Herbst bleiben sollte.

Versponnen in Gedanken von Tod und Elend fiel sie in einen Zustand tiefer Depression. Sie versuchte, sich durch das Zusammenstellen einer neuen Sammlung namens *Monterey und andere Gedichte* abzulenken. Ihre seelische Verfassung wird im Vorwort des Buches offensichtlich, in welchem sie von »äußerst geschädigter Gesundheit« und einer »Unfähigkeit, jenen Verpflichtungen nachzukommen, mit denen ich bisher meinen Unterhalt bestritten habe« sprach.

Während des verkürzten Semesters 1849/50 konnte sie nur wenig Unterricht halten. Sie litt an keiner bestimmten Krankheit, sondern an »Traurigkeit und Depression«. Teilweise wurde dies durch ihre Besorgnis um ihr Schicksal in der Ewigkeit hervorgerufen. Wenn sie der Krankheit erlegen wäre, wo wäre sie nun? Wäre sie dazu bereit gewesen, vor ihren himmlischen Schöpfer zu treten?

Die letzte Begegnung mit ihrer Großmutter belastete ihre Erinnerung schwer. Fanny hatte jenes spezifische gefühlsmäßige »Bekehrungserlebnis« nicht erfahren, das ihrer Vorfahrin so wichtig gewesen war.

Sie begann an ihrem Glauben zu zweifeln. Sie bezweifelte, dass ihr Leben so ganz dem Dienste Gottes geweiht war, wie es ihrer Meinung nach sein sollte. Obwohl sie nie ihren tiefen Glauben an Gott und seine Güte verloren hatte, wurde sie zunehmend überzeugter, dass sie die Rede von Direktor Jones nicht ernst genug genommen hatte, in welcher er sie davor gewarnt hatte, sich den Erfolg zu Kopfe steigen zu lassen. Sie hatte es genossen, als »die blinde Dichterin« bejubelt zu werden, aber sie stellte nunmehr den Wert des Jubels in Frage: Was bedeutete er im Angesicht des Todes?

In diesem Herbst besuchte Fanny eine Reihe von Erweckungsversammlungen in der methodistischen Broadway-Tabernakel-Kirche auf der Dreißigsten Straße.

Fanny, aufgewachsen in einer kalten und farblosen calvinistischen Presbyterianerkirche, fühlte sich zu den warmen und lebhaften Gottesdiensten der Methodisten und ihrem inbrünstigen und vergleichsweise fröhlichen Kirchengesang hingezogen.

Bereits 1839 hatte sie methodistische »Klassentreffen« in der Kirche auf der Achtzehnten Straße besucht, wo sich die Frommen in ungezwungenen formlosen Versammlungen trafen, um zu singen, zu beten, »Zeugnis abzulegen« und die Schrift zu lesen; diese Treffen sprachen viele junge Leute an. Oft rief der Leiter ohne Vorwarnung jemanden auf zum Bezeugen, und diese Person erzählte dann davon, was Gott für sie alles getan hatte. Als Jugendliche hatte Fanny zweimal pro Woche an Klassentreffen teilgenommen, einmal in der Achtzehnten Straße und einmal im Institut, wohin die Methodistengemeinde an jedem Donnerstagabend einen Mann zur Leitung der Versammlung entsandte.

Nichtsdestoweniger war sie »gegenüber den Mitteln der Gnade ein wenig gleichgültig geworden« und sie nahm nur deshalb an den Treffen teil, um die Versammelten mit Musik zu begleiten. Sie spielte »unter der Bedingung, dass man mich nicht zum Sprechen aufrufen würde«. Zehn Jahre später hatte Fanny immer noch Angst davor, während der Treffen »Zeugnis abzulegen«.

Fanny hatte einen engen Freund namens Theodor Camp, einen Betriebskundelehrer am Institut, der ihr vorschlug, mit ihm zu den Erweckungsversammlungen im Broadway-Tabernakel zu gehen. Zuerst zögerte sie merklich. Dann hatte sie eines Nachts einen lebhaften und verwirrenden Traum. »Es schien, dass der Himmel seit einigen Tagen bewölkt gewesen war, und endlich kam jemand zu mir und sagte mir, dass Mr. Camp mich umgehend zu sehen wünsche. Dann dachte ich, ich hätte das Zimmer betreten und ihn in sehr krankem Zustand gefunden.«

Der »sterbende« Camp (der noch ein halbes Jahrhundert leben sollte) fragte sie, ob sie ihn nach beider Tod im Himmel wieder sehen würde.

»Ja, das werde ich«, sagte Fanny, »so Gott mir helfe«. Dies, so wird man sich erinnern, war die Antwort, die sie einst ihrer sterbenden Großmutter gegeben hatte.

Im Traum mahnte Camp sie, kurz bevor er starb: »Denke daran, du hast es einem Sterbenden versprochen!«

Fanny schrieb:

Dann schienen die Wolken um meinen Geist davonzuziehen und ich schreckte aus dem Traum auf. Ich konnte jene Worte nicht vergessen. »Wirst du mich im Himmel wieder sehen?«, und obwohl es meinem Freund sehr gut ging, begann ich zu überlegen, ob ich ihn oder irgendeinen anderen mir bekannten Menschen wirklich im besseren Land wiedersehen könnte, wenn ich dazu aufgerufen werden würde.

Fanny war überzeugt, dass dies so, wie die Dinge standen, nicht möglich wäre. Obwohl alles darauf hindeutet, dass sie nie aufgehört hatte, eine tief religiöse Frau zu sein, war sie sich sicher, dass sie den Glauben verleugnet hatte, in dem sie erzogen worden war, und ihn hinter literarischen und sozialen Interessen auf den zweiten Platz verwiesen hatte. Sie fühlte, dass in ihrem geistlichen Leben ganz entscheidend etwas fehlte.

Im Herbst 1850 begann sie, mit Camp jeden Abend die Erweckungsversammlungen zu besuchen. In jenen Tagen war der Höhepunkt des Gottesdienstes eine lange, gefühlvolle Predigt, durchsetzt mit »Amen!«- und »Halleluja!«-Rufen. Es gab unartikulierte Schreie, erschütterndes Schluchzen und ekstatische Ausbrüche. Es war für die Gottesdienstbesucher nicht ungewöhnlich, von ihren Plätzen aufzuspringen und herumzurennen oder auf den Boden zu fallen.

Wenn der Prediger die Ansprache beschloss – welche üblicherweise gespickt war mit reichlichen Hinweisen auf das Höllenfeuer und die Folgen des nichtbeachtens der Evangeliumsbotschaft – wurden jene, die daran interessiert waren, sich der Kirche anzuschließen, dazu eingeladen, nach vorne zu kommen, damit man über ihnen bete. Die Menschen gingen in den vorderen Teil des Tabernakels und knieten bis zu zwei Stunden lang auf dem kalten und schmutzigen Boden, während die Diakone und Ältesten ihre Handflächen auf die Stirnen der Anwärter legten und laut um Erweckung beteten.

In diesem Herbst ging Fanny zweimal zum Altar. Zweimal kniete sie sich hin, und die Ältesten zerdrückten ihr fast den Schädel, indem sie ihr die Hände auf den Kopf legten und Gebete um ihre Erweckung ausstießen. Zweimal vergingen die Stunden, ohne dass sie »glücklich wurde«.

Am 20. November wurde Fanny, nunmehr von Frustration

und Sorge zerrissen, endlich zum dritten Mal zum Altar geführt. Diesmal war sie tief erregt. »Es schien mir, dass das Licht jetzt oder nie kommen müsse.«

An diesem Abend meldeten sich keine weiteren Anwärter. Stundenlang beteten die Diakone und Ältesten, aber nichts geschah. Die Gemeinde begann, Isaac Watts' Einsegnungslied »Sagt an, vergoss der Herr sein Blut« zu singen.

Während der fünften und letzten Strophe – »Doch löste dies nicht meinen Schmerz, zerflösse ich auch gar; Herr, heilen kannst nur du mein Herz, drum bring ich's dir auch dar« – geschah es. Plötzlich fühlte Fanny, wie »meine ganze Seele von himmlischem Licht durchflutet wurde«. Sie sprang auf und rief »Halleluja! Halleluja!« In ihrer Ekstase »wurde mir zum ersten Male klar, dass ich versucht hatte, die Welt in der einen und den Herrn in der anderen Hand zu halten«.

Es ist schwierig, auf Fannys Leben bis zu diesem Zeitpunkt zurückzublicken, ohne dabei einen deutlichen Eindruck von ihren christlichen Überzeugungen seit frühester Kindheit an zu bekommen. In dieser Nacht geschah jedoch etwas sehr Bedeutsames. Wenn das Erlebnis auch nicht der Anfang ihres christlichen Lebens war, so bezeichnete es doch dessen ausgeprägte Verstärkung.

Das »Novembererlebnis«, wie sie es nannte, war ein Wendepunkt in Fanny Crosbys Leben. Obwohl es in ihrem Leben keine dramatische Veränderung gab und sie bald feststellte, dass es nicht alle ihre geistlichen Probleme löste, bezeichnete es den Anfang einer sich vertiefenden christlichen Erfahrung sowie den Beginn der totalen Hingabe an Gott. Wie die meisten anderen jungen Leute hatte Fanny zuvor Hoffnungen gehegt, sich in der Welt einen Namen zu machen, Geld zu verdienen und andere weltliche Ziele zu erreichen. Nun gab sie diese Ziele zunehmend auf.

Auf dieses Erlebnis wird in vielen ihrer Erweckungslieder und Gedichte angespielt. Es ist erwähnt in »Am Kreuz«, das um 1900 geschrieben wurde, und ist genauer beschrieben in dem langen und unveröffentlichten »Tal der Stille«, das sie etwa zwei Monate vor ihrem Tod im Alter von fünfundneunzig Jahren schrieb:

I walk down the Valley of Silence,
Down the dim, voiceless valley alone,

And I hear not the fall of a footstep
Around me, save God's and my own;
And the hush of my heart is as holy
As hours when angels have flown.

Long ago I was weary of voices
Whose music my heart could not win,
Long ago I was weary of noises
That fretted my soul with their din;
Long ago I was weary with places,
When I met but the human and sin.

Do you ask what I found in this Valley?
'Tis my trysting place with the Divine,
For I fell at the feet of the Holy,
And above me a voice said, »Be Mine.«
And there rose from the depth of my spirit,
The echo, »My heart shall be Thine.«

Ich gehe dahin im Tal der Stille,
allein in dem düsteren, stummen Tal,
und ich höre keinen Fußtritt
außer dem Gottes und meinem eigenen;
und die Stille meines Herzens ist so heilig
wie Stunden, wenn Engel geflogen sind.

Vor langer Zeit war ich der Stimmen überdrüssig,
deren Musik nicht mein Herz gewinnen konnte;
vor langer Zeit war ich des Lärms überdrüssig,
der meine Seele mit seinem Getöse quälte;
vor langer Zeit war ich der Orte überdrüssig,
als ich nichts als das Menschliche und die Sünde antraf.

Fragst du, was ich in diesem Tal fand?
Es ist mein Treffpunkt mit dem Göttlichen,
denn ich fiel nieder zu Füßen des Heiligen
und über mir sagte eine Stimme: »Sei Mein.«
Und aus der Tiefe meines Geistes erhob sich
das Echo: »Mein Herz sei dein.«

Sie schloss mit den Zeilen:

Do you ask how I live in this Valley?
I weep and I dream and I pray;
But my tears are so sweet as the dewdrops
That fall from the roses in May,
And my prayer, like a perfume from censers,
Ascendeth to God night and day.

Fragst du, wie ich in diesem Tal lebe?
Ich weine und ich träume und ich bete;
Meine Tränen sind jedoch so süß wie die Tautropfen,
die im Mai von den Rosen herabfallen,
und mein Gebet, wie ein Parfüm aus Weihrauch,
steigt Tag und Nacht auf zu Gott.

Das »Tal der Stille« erklärt das mystische Erlebnis vom 20. November 1850 mehr als irgendeines ihrer Werke.

Die Stimme der Liebe

Anfang der fünfziger Jahre des vorigen Jahrhunderts wurde das Institut von solchen Berühmtheiten wie dem englischen Dichter Martin Farquhar Tupper, der »schwedischen Nachtigall« Jenny Lind und dem norwegischen Geiger Ole Bornemann Bull besucht.

Als die berühmte Sopranistin ein Konzert mit Opernarien, schwedischen Folkloreliedern und patriotischen amerikanischen Weisen gab, konnte Fanny sich »vorstellen, dass ich im Himmel war und einen Engel singen hörte«. Fanny lernte die blonde und blauäugige Jenny Lind persönlich kennen bei – welch ungewöhnlicher Anlass! – einem Leichenschmaus!

Fanny fuhr in jedem Sommer nach Bridgeport und brachte oft Freunde mit. Mercy und die Kinder, die mittlerweile außerhalb der Stadt im »Fairfield-Wood« wohnten, waren entzückt von den Besuchern aus der großen Stadt. In Benehmen, Sprache und Kleidung schienen sie so verschieden von den bäuerlichen Bewohnern dieser Landgemeinde. Jahre später erinnerte sich Fannys ältere Halbschwester Jule an die Faszination, mit der sie als kleines Mädchen an dem Parfüm roch, das Fanny bei ihren Besuchen mitbrachte.

Obwohl Mercy eine strenge calvinistische Puritanerin war, war sie auch wissbegierig und offenen Sinnes und verurteilte ihre Tochter niemals wegen ihres Parfüms und ihres Schmucks. Mercy hatte Interesse an der städtischen Kultur; sie hieß die Gäste ihrer Tochter, ob Schüler oder Professoren, willkommen und folgte eifrig ihrer Unterhaltung. Sie begeisterte die Besucher mit ihren Puritanersitten, ihrer Neuengland-Küche und ihrer malerischen Yankee-Sprache.

Jule und Carrie bestanden darauf, dass »jedes Gedicht, dass ich seit unserem letzten Wiedersehen verfasst hatte, ordnungsgemäß vorgetragen und ihrer Kritik unterworfen wurde«. Glücklicherweise waren diese Nachwuchs-Literaturkritikerinnen rückhaltlose Bewunderer der Arbeiten ihrer Schwester. Die kleine Jule strebte selbst danach, Dichterin zu werden. und glaubte ihr Ziel erreichen zu können, indem sie nachts unbeobachtet in das Zimmer ihrer großen Schwester schlich, während Fanny am Dichten war, und ihre Gestik und Haltung genau imitierte.

Im Herbst 1853 wurde ein junger Mann namens William Cleveland zum Leiter der Literaturabteilung des Instituts ernannt. Kurz darauf sorgte er für die Anstellung seines sechzehnjährigen Bruders, der den jüngeren Kindern Lesen, Schreiben, Arithmetik und Geographie beibringen und als Gehilfe im Büro des neuen Direktors T. Colden Cooper arbeiten sollte. Der Name des Jungen war Grover.

Bald nach Ankunft der Clevelands konsultierte William Fanny »bezüglich des Jungen«. Fanny war mittlerweile die Vorsteherin der Studenten und anerkannt als die beliebteste Lehrkraft – eine Frau, zu der sowohl Schüler als auch Lehrer mit ihren Problemen kamen. William erzählte ihr, dass der Vater der Clevelands kürzlich verstorben war. »Grover hat sich den Tod unseres Vaters sehr zu Herzen genommen und ich wünschte, Sie gingen manchmal zu ihm ins Büro ... und unterhielten sich ein wenig mit ihm.« Natürlich versprach Fanny, dies zu tun.

Der Junge war recht reif für sein Alter und war, obwohl sehr schmal, etwa 1,80 m groß und trug »einen sehr respektablen Spitzbart«. Der junge Cleveland war still und introvertiert. Es gelang Fanny jedoch schon bald, sein Vertrauen zu gewinnen, und er ließ sich auf eine tiefe Freundschaft mit der älteren Frau ein. Fanny nahm den jungen Lehrer mütterlich unter ihre Fittiche. Wenn er allzu sehr in seine Studien versunken war, warnte sie ihn oft davor, nicht »zu viel zu lernen und sich damit zu schaden«.

Grover las Fanny aus seinen Lieblingsdichtern Lord Byron und Thomas Moore vor. Er erklärte sich bereit, die von ihr diktierten Gedichte aufzuschreiben. Diese berufliche Zusammenarbeit störte Direktor Cooper und er begann, ihnen das Leben schwer zu machen. In ihren Schriften nannte ihn Fanny Cooper nie bei seinem Namen, sondern einfach »der grausame Unfähige«. Sie war der Meinung, dass Clevelands Niederschreiben ihrer Gedichte keine Regel verletzte.

Bei zwei Gelegenheiten stürmte Cooper in Grovers Büro, während der Junge von Fanny diktierte Gedichte aufschrieb. »Miss Crosby!«, fuhr er sie an. »Wenn Sie wünschen, dass Mr. Cleveland ein Stück für Sie niederschreibt, würde ich es begrüßen, wenn Sie mich darum bitten würden. Meine Gehilfen haben andere Arbeiten zu verrichten als das Aufschreiben von Poesie!« Als sie das »Vergehen« wiederholte, verbot er Fanny sogar, ohne seine Erlaubnis mit Grover zu sprechen.

Fanny schäumte innerlich. Ihr junger Kollege kam herein, um ihr einen Rat zu geben. »Also, Fanny Crosby, wie lange wollen Sie diesem Mann noch erlauben, Ihre Gefühle auf diese Weise zu verletzen?«, fragte er beschwichtigend.

»Aber was kann ich denn tun, um ihn aufzuhalten?«

»Zahlen Sie es ihm in gleicher Münze zurück!«, sagte Cleveland. »Geben Sie ihm ein paar Abschnitte einfacher Prosa, die er so bald nicht vergessen wird!«

»Aber Grover, ich bin noch nie im Leben frech gewesen«, protestierte sie.

»Aber es ist nicht unverschämt, für sich selbst Partei zu ergreifen, und Sie werden nie mehr Unabhängigkeit und Selbstsicherheit erlernen können, denn Sie werden nicht jünger«, sagte der Jugendliche und belehrte die Lehrerin und Studentensprecherin in mittleren Jahren, als ob sie seine Tochter wäre.

Wie ein kleines Kind von einem Jungen belehrt zu werden, der halb so alt war wie sie, war vielleicht fast ebenso beleidigend für sie wie Coopers Unverschämtheit, aber sie nahm Grovers Rat an. Am nächsten Tag diktierte sie Grover gerade, als Cooper wieder in das Büro flog und diesmal in Flüchen, Beleidigungen und Drohungen explodierte. Fanny drehte sich zu ihm und sagte mit eisiger Stimme: »Ich möchte, dass Sie verstehen, dass ich hinter niemandem außer Ihnen in diesem Institut zurückstehe, und ich habe Ihre Frechheiten lange genug ertragen. Wenn sich dies noch einmal wiederholt, werde ich Sie der Verwaltung melden.«

Cooper schlich sich aus dem Büro und machte ihr keinen weiteren Ärger.

Die Clevelands hassten das Institut. Sie fanden das Gebäude furchtbar hässlich und das Leben dort deprimierend. Während Coopers Zeit war das Institut überlaufen und wuchs von etwa sechzig Studenten im Jahre 1850 innerhalb von drei Jahren auf einhundertsechzehn an. Die Kinder wurden mehr wie Sträflinge denn wie Schüler behandelt. Cooper setzte für kleinere Vergehen harte Strafen an, Auspeitschen für größere. Die Gebrüder Cleveland kündigten Ende 1854.

Ungefähr zu der Zeit, als sie Grover Cleveland kennen lernte, begann Fanny mit einem Mann zusammenzuarbeiten, welcher sehr wichtig für ihre eigene Zukunft sein sollte. Sie kannte George Frederick Root schon seit zehn Jahren. Er war ein im gleichen Jahr wie sie geborener Amerikaner, der in Europa studiert hatte und nach seiner Rückkehr – ebenso wie schon Lowell Mason – emsig daran arbeitete, die Musik europäischen Stils in Amerika einzuführen. Er ging (ebenso wie viele zeitgenössische Musiker und Künstler) sogar so weit, seinen Namen in Georg Friedrich Wurzel zu verdeutschen. Wie viele kultivierte Menschen seiner Zeit sah er amerikanische Musik als ungehobelt an und verarbeitete Elemente der Musik Händels, Haydns, Mozarts, Beethovens und anderer, um liebliche und anspruchsvolle Populärmusik zu schreiben.

In den vierziger Jahren hatte Root im Institut Musikunterricht gegeben, aber erst im folgenden Jahrzehnt lernte Fanny ihn als Menschen näher kennen. An einem Tag des Jahres 1851 spielte Root Klavier und Fanny hörte zu. Die Dichterin war tief bewegt von den Klängen einer originellen Komposition, die wie die Musik eines europäischen Meisters klang. »Oh, warum veröffentlichen Sie das nicht, Mr. Root?«, fragte sie.

Root, ein kleiner Mann mit Bart, sah sie mit durchdringenden Vogelaugen an und antwortete: »Nun, ich habe keinen Text dazu.«

»Oh, ich kann mir Worte dazu ausdenken. Ihre Melodie sagt:

O, come to the greenwood, where nature is smiling,
Come to the greenwood, so lovely and gay,
There will soft music, thy spirit beguiling,
Tenderly carol thy sadness away.

Oh, komm in den grünen Wald, wo die Natur lächelt,
komm in den grünen Wald, so lieblich und froh,
dort wird sanfte Musik deinen Geist betören
und deine Traurigkeit durch Frohsinn vertreiben.«

Root war begeistert. »Ich kann Sie gut gebrauchen!«, sagte er. »Ich suche jemanden, der die von mir geschriebene Musik mit Worten versieht. Würden Sie das tun?«

Fanny war zu beschäftigt, um mit ihm zu arbeiten, bis sie im darauffolgenden Sommer Kurse an der regulären Musikakademie in North Redding in Massachusetts anbot. Root war ebenso wie Mason einer der Direktoren, und Fanny begann dort, seine Melodien mit Worten zu versehen.

Fanny schrieb in diesem Sommer mehrere Lieder. Root lieferte die gesamte Musik, Fanny alle Texte. Mindestens zwei Stücke wurden recht populär: »Fare Thee Well, Kitty Dear« und »The Hazel Dell« – tränenreiche, sentimentale Lieder jener Art, die in dieser Ära so viele Hörer ansprachen. Root war erfreut und brachte Fanny Anerkennung entgegen als »eine Dame ... die eine große Begabung zum Reimen hat und darüberhinaus eine zarte und poetische Vorstellungskraft«.

In jenem Herbst beschäftigte er sie mit einer albernen Komposition namens »Die Blumenkönigin«, die Fanny später »die erste amerikanische Kantate« nannte. Root, der die Handlung bereits im Kopf hatte, sagte ihr jeweils, welchen Text sie den einzelnen Charakteren in den Mund legen sollte, »und am nächsten Morgen war das Gedicht fertig«.

Tatsächlich hatte sie manchmal sogar zwei oder drei Gedichte fertig. Meistens »summte« Root für sie genug von der Melodie, um ihr eine Vorstellung des benötigten Versmaßes und des rhythmischen Schwungs zu geben, und manchmal spielte er ihr eine ganze Nummer vor, bis sie sich ans Schreiben setzte. Selten sah er einen Grund, ihre Gedichte abzuändern, und hatte nur noch die Wahl zu treffen zwischen den verschiedenen Versionen, die sie geschrieben hatte. Später auf dem Weg zum Unterricht »dachte sich« Root »die Musik in ihrer endgültigen Form aus«.

»Die Blumenkönigin« wurde an der ganzen Ostküste berühmt. Im nächsten Sommer versuchten es die beiden mit einer ähnlichen Komposition namens »Die Pilgerväter« – diesmal arbeitete Lowell Mason mit Root zusammen, um die Melodien zu Fannys Gedichten zu schreiben. Später arbeitete Fanny mit Root und William B. Bradbury zusammen an einer weiteren Kantate.

Im Sommer 1855 schrieb Fanny wieder einmal mit Root zusammen Lieder. Einige wurden Hits, einschließlich des Sklavenliedes »They Have Sold Me Down the River«, dem morbiden »Proud World, Goodbye«, »Birth of the North« und »O, How Glad to Get Home«. Drei Lieder, die sie in diesem Jahr gemeinsam schrieben, wurden besonders beliebt: »The Honeysuckle Glen« über den Tod einer schönen Maid; »Rosalie, the Prairie Flower«, das bekannter wurde als alles, was Fanny bisher je geschrieben hatte; und »There's Music in the Air«, das an Schulen und Universitäten noch bis weit ins zwanzigste Jahrhundert hinein gesungen wurde.

Niemand wusste, dass Fanny Crosby die Texterin dieser Lieder war, die ausschließlich unter Roots Namen erschienen. Die Tantiemen von »Rosalie« beliefen sich auf dreitausend Dollar, Fanny jedoch erhielt nur einen oder zwei Dollar! Root kaufte die Gedichte von Fanny, veröffentlichte sie selbst und erntete die Annehmlichkeiten ihrer Popularität ganz allein. Er ging davon aus, dass er Fanny gegenüber keine weiteren Verpflichtungen hatte, nachdem er ihr das Standardhonorar gezahlt hatte, das Verleger üblicherweise ihren Textern boten.

Während sie für Root Hits schrieb, erneuerte Fanny ihre Bekanntschaft mit einem Mann, der sich als noch wichtiger für ihr Leben erweisen sollte: ihr zukünftiger Ehemann. »Manche Leute«, so kommentierte sie später, »scheinen zu vergessen, dass blinde Mädchen ebenso liebesfähig sind wie jene mit Augenlicht und sich auch ebenso heftig und ernsthaft verlieben.«

Mit fünfunddreißig hatte Fanny »ein liebeshungriges Herz«, aber sie war noch unverheiratet. Vielleicht verriet die zunehmende Anzahl ihrer Gedichte über enttäuschte Liebe ihre Frustration.

Im Jahr 1855 stellte das Institut einen neuen Lehrer ein, Alexander Van Alstine, den Fanny Jahre zuvor auf einer Rundreise in Oswego im Staat New York kennen gelernt hatte. »Van« lernte einige Jahre lang im Institut und war ein glänzender Schüler; 1848 war er der erste Schüler des Instituts, der sich an einem regulären College einschrieb. Sein Wahlfach war Musik; er beherrschte außerdem Griechisch, Latein, Philosophie und Theologie. Anfang der fünfziger Jahre hatte er bereits die Lehrbefähigung und gab Musikunterricht in den öffentlichen Schulen von Albion im Staat New York. 1855 kehrte er als Musiklehrer an das Institut zurück.

Zuerst hatten Fanny und Van lediglich eine auf ihrer gemeinsamen Liebe zur Musik und Poesie gegründete platonische Beziehung. Van entwickelte ein tiefes Interesse für Fannys Dichtkunst, und sie fing an, sich mit seiner Musik zu beschäftigen. In ihren Worten: »Auf diese Weise wuchsen recht bald unsere wechselseitigen Gefühle.«

Im Herbst 1857 verließ Van das Institut und begann in Maspeth auf Long Island, im jetzigen Stadtbezirk Queens, private Musikstunden zu geben. Fanny war bereit ihm nachzufolgen. Die »grausame Unfähigkeit« Colden Coopers hatte das Institut, das einst ihr »glückliches Heim« gewesen war, in einen trübseligen Ort verwandelt. Die Kinder wurden misshandelt, die Lehrer waren unterbezahlt, das Gebäude war im Winter eiskalt und die Mahlzeiten wurden zunehmend schlechter. Motivierte Lehrkräfte wie Van und Fanny merkten, dass sie unter Coopers spartanischem Führungsstil nicht länger sinnvoll arbeiten konnten.

Fanny beendete ihre lange Beziehung zum Institut am 2. März 1858 und machte sich auf nach Long Island, in die Ehe und in ein unabhängiges Leben. Am 5. März wurden sie in kleinem Kreis in der Stadt Maspeth getraut. Van war siebenundzwanzig und Fanny achtunddreißig.

Ihr Leben hatte sich vollkommen verändert. Sie stand nun nicht mehr im Mittelpunkt wie im Institut, von Würdenträgern besucht und gefeiert. Sie lebte nicht mehr in der Nähe des größten kulturellen Zentrums des Landes, berühmt als »die blinde Dichterin«.

Sie war jetzt eine Hausfrau, die mit einem sich abmühenden Musiklehrer zusammen in gemieteten Räumlichkeiten in einer Landgemeinde lebte, wo nur wenige der Bauern, Kaufleute und Arbeiter wussten, dass ihre blinde zwergenhafte Nachbarin eine landesweit bekannte Dichterin war.

Dennoch gefiel ihr dieses Leben, denn sie hatte die Öffentlichkeit und die damit verbundenen Menschenmengen nie sehr gemocht. Zum ersten Mal nach zwanzig Jahren war sie wieder da, wo sie am liebsten war: auf dem Lande, und sie fühlte, dass sie mit ihrem Leben nicht hauptsächlich dem Wohle der Öffentlichkeit diente, sondern dem ihres Ehemanns. Im Frühling 1858 schien Fanny an der Schwelle zu einem wahr gewordenen Traum zu stehen.

Über ihr Eheleben wissen wir fast nichts. Auch von ihrem Ehemann ist nur sehr wenig bekannt. Wir wissen noch nicht einmal, wie sein Name korrekt buchstabiert wurde; Unterlagen geben ihn an als »Van Alstine« und »Van Alsteine«, wohingegen Fanny in späteren Jahren ihren Ehenamen (welchen sie nur auf rechtsgültigen Dokumenten benutzte) immer »Van Alstyne« buchstabierte.

In einer ihrer Autobiographien erzählt Fanny, dass sein Vater, ein Ingenieur, »von den Ufern des Rheins« stammte und als junger Mann nach Amerika ausgewandert war. Seine Mutter war in England geboren. Es heißt, dass Van seine Sehkraft in früher Kindheit als Folge einer Krankheit verloren hatte. Die beiden Bilder, die es von ihm gibt, zeigen einen gut aussehenden Mann, schlank, mit klar geschnittenen germanischen Gesichtszügen und, was bei den Männern seiner Generation unüblich war, glattrasiert.

Van war einer von New Yorks besten Orgelvirtuosen. Er war auch am Klavier, am Kornett und an anderen Instrumenten erfolgreich. Man sagte, dass sich seine Züge mit einem Ausdruck unglaublicher Freude verklärten, wenn er vor den Tasten saß. Er war ein verbindlicher und umgänglicher Mann und anscheinend sehr beliebt. Seine Mission im Leben war es, seine geliebten europäischen Meister der Klassik den einfachen Leuten nahe zu bringen, und er konzentrierte sich darauf, armen Kindern für wenig Geld Musikunterricht zu geben. Den Lebensunterhalt für Fanny und sich selbst verdiente er durch Orgelspielen in verschiedenen Kirchen der Umgegend.

Gegen Ende des Frühlings und Anfang des Sommers im Jahre 1858 war Fanny damit beschäftigt, einen dritten Gedichtband namens *Ein Kranz aus Columbias Blumen* zusammenzustellen. Viele der Gedichte sind hervorragend, andere sind platt. Fanny nahm auch drei Kurzgeschichten darin auf. Die Gedichte haben sehr unterschiedliche Themen, von der Städtischen Polizei über unerwiderte Liebe bis hin zum Tod von Daniel Webster. *Ein Kranz aus Columbias Blumen* war der am wenigsten erfolgreiche ihrer Gedichtbände.

In der Zwischenzeit hatte es in ihrem Familienkreis Veränderungen gegeben. Ihr Onkel Joseph war mit seiner Frau und seinen beiden Kindern Frank und Ida nach Savannah im Staat Georgia gezogen, um eine Filiale von »Crosby und May, Sattelwaren« zu eröffnen. Dort steckte er sich mit Tuberkulose an und verstarb am 2. Mai. Im selben Jahr verheiratete sich Fannys Schwester Jule mit Byron Athington aus Bridgeport. Jule war nicht mehr der schelmische kleine Kobold, der seine Schwester beim Dichten von Versen störte, sondern eine kräftige, dunkelhaarige junge Frau, klein, aber dennoch einen Kopf größer als ihre ältere Schwester. Mercy lebte mit der vierzehnjährigen Carrie immer noch in Fairfield Woods.

Im Jahre 1859 wurde Fanny Mutter, aber das Kind starb als Säugling. Dies war vielleicht das größte Unglück in Fannys Leben. Sie sprach fast nie davon. Wir kennen weder das Geschlecht des Kindes noch die Todesursache.

Nach dieser Tragödie schien sich Fannys Traum von einem ruhigen und zurückgezogenen Leben im ländlichen Long Island aufgelöst zu haben. Sie erholte sich nach und nach, aber sie wünschte sich die Rückkehr in eine vertraute Umgebung. Was einst ein ländliches Paradies gewesen war, hatte sich in eine Hölle verwandelt, und sie sehnte sich danach, dem Schauplatz ihrer Leiden zu entfliehen. Deshalb kehrte sie mit Van um 1869 nach Manhattan zurück und sie nahmen sich einige Straßenzüge vom Institut entfernt ein Zimmer.

Die Stadt New York, in die sie zurückkehrten, war eine Stadt, die von der Begeisterung religiöser Erweckung überflutet wurde.

Ein Lebensinhalt

Die Erweckung hatte begonnen, bevor Fanny das Institut verlassen hatte, und nahm während ihres Aufenthalts in Maspeth enorme Ausmaße an. In der amerikanischen Geschichte hatte es vorher schon zwei oder drei Erweckungen gegeben, angefangen mit der Ersten Großen Erweckung um 1740. Jetzt gab es im Zuge einer wirtschaftlichen Depression wieder ein verstärktes religiöses Interesse. Eine umfassende Erweckungswelle, die auch manchmal die Zweite Große Erweckung genannt wurde, ging durch die Nation.

Zusätzlich zum Wirken des Heiligen Geistes trugen bestimmte menschliche Faktoren zur Förderung der Erweckung bei. Einer davon war das Wachsen der Sonntagsschulen. »Sonntagsschule« war ursprünglich der Name für die im neunzehnten Jahrhundert existierende Form der heutigen Abendschule, in der arbeitende Menschen an ihrem einzigen arbeitsfreien Tag eine weltliche Bildung erwerben konnten. Bald wurde die religiöse Bildung am Sonntag – besonders für die Jugend – ebenfalls beliebt.

Ein zweiter Faktor war das Wachsen der Missionsgesellschaften. Diese hatten als Ziel nicht nur die Verbreitung der Religion, sondern auch die Abschaffung solcher Übel wie Sklaverei, Schnaps und Tabak sowie die Verbesserung anderer sozialer Missstände. In den vierziger und fünfziger Jahren des vorigen Jahrhunderts gab es eine zunehmende Ausbreitung der Heimatmissionen, die sich der Verbreitung des Evangeliums von Jesus Christus unter der immer größer werdenden Zahl derer widmeten, die in den schnell wachsenden Dörfern und Städten des Landes keiner Kirche angehörten.

Die bedeutsamste dieser Gruppen war die Young Men's Christian Association (YMCA=CVJM). Nach seiner Einführung in England wurde der CVJM in den frühen fünfziger Jahren in Amerika bekannt. Seine Ziele waren die Förderung »evangelikaler Religion«, das Pflegen eines christlichen Lebensstils und die Verbesserung »der seelischen und geistlichen Verfassung junger Männer«. Der CVJM bot Erbauungstreffen und Bibelschulklassen an sowie Missionsarbeit und Sonntagsschulen. Er engagierte sich in sozialen Belangen und organisierte Gemeindehilfsaktionen, um den Notleidenden und Unterdrückten zu helfen. Büchereien und Leseräume wurden eingerichtet und Lesungen wurden abgehalten, um »zu unterhalten, Interesse zu wecken und zu belehren«. Zur Verbreitung des Evangeliums schickte der CVJM junge Männer aus, die an Straßenecken, auf Werften, in Feuerwachen und manchmal auch in Zelten predigten.

Mit dieser Aktivität nahm auch die Karriere von D. L. Moody, mit dem Fanny Crosbys Name untrennbar verbunden sein sollte, im Norden von Chicago ihren Anfang. Moody schaffte es sehr erfolgreich, Jungen aus den Armenvierteln zur Teilnahme an den Programmen der Vereinigung zu bewegen und sie durch die Aktivitäten und die Gemeinschaft der Organisation zu erfolgreichen und respektierten christlichen Bürgern zu machen. In New York war der CVJM ebenfalls aktiv. Hier war Dr. Howard Crosby (1824–1891), ein entfernter Cousin Fannys, die Leitfigur. Der junge Pastor der Presbyterianerkirche auf der Vierten Avenue war ein Gründungsmitglied des New Yorker CVJM und ihr zweiter Präsident. Er sah den CVJM als eine »Erweiterung der Kirche« an und arbeitete hart daran, ihn bei den siebenhunderttausend Bewohnern New Yorks bekannt zu machen.

1857 begannen Erweckungen in New York und anderen Teilen des Landes stattzufinden. Gebetstreffen schossen in der weiteren Umgegend New Yorks wie Pilze aus dem Boden, und Bekehrungen wurden täglich bezeugt. Die Erweckungsveranstaltungen waren so groß und weit verbreitet, dass ihnen die Zeitungen täglich ausführliche Berichterstattungen widmeten. Zwischen 1858 und 1860 wurden im ganzen Land angeblich fünfzigtausend Bekehrungen pro Woche vollzogen, und in jeder Woche schlossen sich etwa zehntausend Menschen zum ersten Mal einer Kirchengemeinde an.

Christen gingen von Tür zu Tür und bezeugten sowohl in schäbigen Dachwohnungen und verwahrlosten Kellern als auch in eleganten Empfangszimmern und reichen Salons ihren Glauben. Sie luden ihre Gastgeber zur Sonntagsschule und zu Interessentenkursen ein. Und diese kamen in Massen! Bis zu zwölfhundert Menschen drängten sich täglich zu den mittäglichen Gebetstreffen in die Methodistenkirche an der John Street.

Fannys Leben wurde von den Erweckungsveranstaltungen stark beeinflusst. Sie fing an, die Kirche in der John Street zu besuchen, wo sie an den Nähgesellschaften teilnahm und Kleidung für die Armen strickte. Sie nahm sowohl dort als auch in

Henry Ward Beechers Plymouth-Freikirche an Gebetstreffen teil; dabei lernte sie den gefeierten Kanzelredner kennen und durfte ihn bald zu ihren Freunden zählen.

Auf dem Höhepunkt der Erweckung brach der Bürgerkrieg aus. Jeder Mann in der Gegend von Bridgeport, wo Fannys Familie lebte, wurde eingezogen oder meldete sich freiwillig. Ihr Schwager Byron Athington gab im Alter von vierundzwanzig Jahren ein vielversprechendes Geschäft auf, um dem Ruf seines Heimatlandes zu folgen. Fannys »Bruder«, wie sie William Morris, den Stiefsohn ihrer Mutter, nannte, meldete sich ebenfalls freiwillig.

Fanny war sehr stolz auf ihre Verwandten. Einst eine Demokratin, später eine Whig, war sie jetzt eine glühende Republikanerin und blieb es für den Rest ihres Lebens. Nationalistisch wie sie war, hatte sie schon immer eine kleine seidene Flagge bei sich getragen, aber jetzt fand sie Gefallen daran, sich diese an die Bluse zu stecken.

Ihre fanatische Begeisterung für die Union brachte sie sogar an den Rand einer Schlägerei. Eines Abends speiste Fanny in einem Restaurant in Manhattan, als sich eine Dame aus den Südstaaten in hysterischer Weise über Fannys Zurschaustellung des Abzeichens der Union aufregte. »Nehmen Sie dieses dreckige Ding weg!«, fuhr die Frau sie an, als sie die Flagge sah.

Fanny wurde zur Verblüffung ihrer Tischgenossen rasend vor Wut, sprang von ihrem Stuhl auf und eilte in die Richtung, aus der die Stimme gekommen war. »Wiederholen Sie diese Bemerkung auf Ihr eigenes Risiko!«, drohte sie. Der Restaurantleiter, herbeigerufen von den schrillen Schreien, kam gerade noch rechtzeitig hinzu, um Handgreiflichkeiten zu vermeiden.

Daheim in Bridgeport heiratete Fannys Schwester Carrie einen Mann namens Lee Barnum, und Mercy wohnte bei den Jungvermählten in einer Wohnung an der Grand Street. Der Krieg war der Morris-Familie nicht freundlich gesonnen. William steckte sich mit Tuberkulose an. Er lebte zwar noch fast zwei Jahrzehnte, gab jedoch die Krankheit nach seiner Heimkehr an seinen Sohn Walter weiter. Athington wurde 1863 in Virginia schwer verwundet und sollte sich nie mehr vollständig erholen.

Diese Vorkommnisse verstärkten noch Fannys Patriotismus. Während des Krieges schrieb sie patriotische Lieder, die von Dan Emmett und anderen Musikern vertont wurden. Sie sind von grauenhafter Kriegslust. In »Union Song« schrieb sie:

Death to those whose impious hands
Burst our Union's sacred bands,
Vengeance thunders, right demands –
Justice for the brave.

Tod jenen, deren gottlose Hände
die heiligen Bande unserer Union zerrissen haben,
die Rache donnert, das Recht verlangt –
Gerechtigkeit für die Tapferen.

In »Song to Jeff Davis« drängte sie drohend:

Come, thou vaunting boaster,
Jeff Davis and thy clan,
Our northern troops are waiting,
Now, show thyself a man.
Advance with all thy forces,
We dare thy traitor band,
We'll blow thy ranks to atoms!
We'll fight them hand in hand!

Now, Jeff, when thou art needy,
Lead on thy rebel crew,
We'll give them all a welcome –
With balls and powder, too!
We spurn thy constitution!
We spurn thy southern laws!
Our stars and stripes are waving,
And Heav'n will speed our cause.

Komm, du großmäuliger Prahler,
Jeff Davis und deine Sippe,
unsere Nordstaaten-Truppen warten,
nun zeig, dass du ein Mann bist.
Vorwärts mit all deinen Leuten,
wir fordern deine Verräterschar heraus,
wir blasen deine Mannschaften in Stücke,
wir bekämpfen sie Mann gegen Mann!

Nun, Jeff, wenn du es so willst,
führ deine Rebellenbande an!
Wir werden sie alle willkommen heißen –

auch mit Kugeln und Pulver!
Wir verschmähen deine Verfassung!
Wir verschmähen deine Südstaaten-Gesetze!
Unsere Sterne und Streifen wehen,
und der Himmel wird unserer Sache beistehen!

Das Lied endet mit der Drohung, den Südstaaten-Anführer zu enthaupten. Diese Zeilen sind wirklich bemerkenswert, wenn man bedenkt, dass sie aus der Feder einer Frau stammen, deren Werk sich durch Zartgefühl und Sensibilität auszeichnet – sogar durch zuckersüßen Stil.

Die meisten volkstümlichen Lieder dieser Zeit gefielen wegen ihrer intensiven Gefühlsdarstellung und Sentimentalität und bezogen den Krieg auf eine persönliche Situation. Fannys Bürgerkriegslieder waren grausame Schlachtrufe ohne Wärme oder menschliches Interesse.

Wenn sie allerdings nicht gerade an den Krieg dachte, hielt sie an ihrem Stil fest. Und mittendrin im Krieg erhielt sie die Möglichkeit, ihre Gabe des Verseschreibens in einer Weise anzuwenden, die ihr weit mehr Anerkennung bringen sollte, als ihre weltlichen Gedichte, ihre Musikalität oder ihre Arbeit als Lehrerin ihr je verschafft hätten.

Sie war immer schon wählerisch gewesen in Bezug auf ihre Gottesdienstbesuche, und im Alter von dreiundvierzig Jahren gehörte sie keiner bestimmten Kirchengemeinde an. Trotz einer langjährigen Vorliebe für den Methodismus ging sie auch oft in die Kirche in der John Street. Zusätzlich besuchte sie die Plymouth-Freikirche in Brooklyn, um ihren Freund Beecher zu hören, der außerdem ihr Lieblingsprediger war, die Presbyterianerkirche auf der Fünften Avenue, deren Pastor Dr. John Hall war, die Presbyterianerkirche ihres Cousins Howard Crosby auf der Vierten Avenue und die Trinity-Episkopalkirche.

Sie besuchte auch die Niederländisch-Reformierte Kirche auf der Dreiundzwanzigsten Straße. Der Pastor Reverend Peter Stryker war erfreut, die Bekanntschaft der »blinden Dichterin« zu machen und entzückt, als sie seine Bitte, ein Silvesterabendlied zu schreiben, positiv beschied. Da er von ihrer Depression wegen des Verlustes ihres Kindes wusste, erzählte Stryker ihr, dass sein Freund William Bradbury jemanden brauche, der Texte zu seinen Melodien schreiben würde. Er schlug vor, dass sie Bradbury umgehend besuchen solle, und Fanny versprach hinzugehen.

Die Zweite Große Erweckung brachte für die amerikanische Kirchenlieddichtung große Veränderungen mit sich. Man spürte den Bedarf nach einer Art Kirchenlied, die dem neuen Versuch, die christliche Lehre zu vermitteln, gerecht werden würde. Lowell Mason, der als der Vater der amerikanischen Kirchenmusik angesehen wurde, hatte lange zuvor seine »Regeln« bekannt gemacht, und diese 1831 in seiner weit verbreiteten »Kirchenpsalmodie« veröffentlichten Anweisungen über das Ziel und den Charakter des Kirchenlieds waren für das Schreiben amerikanischer Kirchenlieder immer noch verbindlich. »Die Gefühle und die Bildersprache sollen feierlich und würdig sein.« Und: »Alles, was unbiblisch und kriecherisch, ... leicht (oder) phantasievoll ist, soll vermieden werden«, weil es dazu neige, »den Fluss der Seele zu hemmen.« Darüber hinaus »sind vertrauliche oder zärtliche Bezeichnungen oder Ausdrucksformen bezüglich einer der Personen der dreieinigen Gottheit zu vermeiden, da sie Gedankenverbindungen mit sich bringen, welche der reinen Andacht äußerst abträglich sind«.

Mason verlangte eine starke Betonung von Sünde und Hölle. Er verachtete jedes Kirchenlied, das dazu neigte, den Gläubigen »ein gutes Gefühl zu geben«, denn die ganze Betonung sollte auf des Sünders Mangel an Buße liegen.

Diese strengen Kirchenlieder wurden nun unbeliebt. Die »Erweckten« der fünfziger und sechziger Jahre des letzten Jahrhunderts wollten Lieder, die persönlich ansprechend, leicht und zwanglos waren. Einige der in der Vergangenheit geschriebenen Lieder entsprachen diesen Anforderungen und wurden häufig gesungen, wie »My Faith Looks Up to Thee« von Ray Palmer; »Näher, mein Gott, zu dir« von Sarah Flower Adams; »So wie ich bin, so muss es sein« von Charlotte Elliott; »Abide With Me« von Reverend Francis Lyte; Charles Wesleys »Jesus, Lover Of My Soul« und A. M. Topladys »Fels des Heils«.

Einige Musiker beantworteten den Ruf nach neuen Liedern. George Root hatte sich der Sonntagsschulmusik zugewendet. Ein weiterer Komponist von Sonntagsschulliedern war der Baptistenpfarrer Robert Lowry, der 1864 den beispiellosen Erfolg »Shall We Gather At the River?« schrieb. Der wichtigste und produktivste Erweckungsliederdichter dieser Zeit war Bradbury, der zusammen mit Root und Fanny die Kantate »Daniel« geschrieben hatte.

Bradbury wurde 1816 in Maine geboren und hatte bei Lowell Mason Musik studiert. In den Anfängen seiner Karriere half er mit, die Orgel als Begleitinstrument im Gottesdienst einzuführen.

Als junger Mann war Bradbury als Organist in der baptistischen Tabernakel-Kirche in New York angestellt und führte dort Gesangskurse ein. Viele Jahre führte er im Tabernakel jährliche Jugendmusikfestivals durch, die zu den größten musikalischen Veranstaltungen der Stadt zählten. Mit dreißig war Bradbury nach England und Deutschland gegangen, um Komposition zu studieren. Nach seiner Rückkehr nach New York fing er an, Bradbury-Klaviere zu bauen und Lieder und andere musikalische Werke zu komponieren. Ebenso wie Roots Melodien brachten auch seine viel vom Stil der europäischen Meister in die amerikanische Musik ein und waren oft Variationen von Melodien von Beethoven, Händel und anderen großen Komponisten. Bradburys Lieder zeichneten sich durch ihren »leichten natürlichen Fluss« aus und seine Akkorde durch ihre Schlichtheit.

Einige bemängelten, dass Bradbury weder ein vortragender Künstler noch ein Komponist sei. Andere behaupteten, dass er die amerikanische Musik dadurch ruiniere, dass er mit seinen Werken europäische Komponisten imitiere. Er machte sich jedoch bei vielen Gläubigen beliebt durch seine Vertonungen von »So wie ich bin«, »He Leadeth Me«, »Saviour, Like A Shepherd, Lead Us« »On Christ, the Solid Rock I Stand«. Die Melodien wurden vielleicht von intellektuellen Kritikern verspottet, aber sie wurden von der breiten Masse geliebt.

Bradbury wollte nicht nur leichte und melodische Sätze zu vorhandenen Liedtexten schreiben, er wollte auch neu geschriebene Gedichte vertonen. Er war unzufrieden mit der Qualität der Verse, die ihm zugeleitet wurden. Deshalb war er überglücklich, als Stryker ihm im Januar 1864 mitteilte, dass er in Kürze eine Dame kennen lernen würde, die wahrscheinlich seine Probleme lösen würde.

Fanny war ebenfalls begeistert. Sie fühlte, dass Gott ihrem Leben einen neuen Sinn gegeben hatte; sie war überzeugt, dass Er ihre Talente zum Schreiben von Erweckungsliedern nutzen wollte.

Fanny traf Bradbury am 2. Februar im Ponton Hotel in der Broome Street. Er war ein sehr dünner Mann mit einem verkniffenen Gesicht, eingerahmt von einer Löwenmähne dicken und buschigen dunklen Haars und einem riesigen Vollbart. Fanny konnte sein Gesicht nicht sehen, aber sie konnte seinen Charakter spüren. Sie hatte nicht nur von Zeit zu Zeit Visionen, sondern auch die ungewöhnliche Gabe, die Persönlichkeit eines Menschen an den ausströmenden »Zwischentönen« zu erkennen. Sie mochte Bradbury ebenso wie er sie, und sofort ging er dazu über, sie mit dem Vornamen anzusprechen.

»Fanny«, sagte er, »ich danke Gott, dass wir uns nun endlich getroffen haben, denn ich denke, dass Sie Erweckungslieder schreiben können, und ich habe mir schon seit langem ein Gespräch mit Ihnen gewünscht.«

Bradbury stellte Fanny seinen Assistenten Sylvester Main vor, ihren alten Freund aus Ridgefield. Vor vielen Jahren war Sylvester nach New York gekommen, um eine Musikschule zu eröffnen. Mittlerweile war er einer der Grundpfeiler der Methodistengemeinde an der Norfolk Street und ein in New Yorker Kirchen wohl bekannter Solist.

Fanny versprach, innerhalb einer Woche mit einem Erwekkungslied wiederzukommen, das Bradbury zur Einschätzung ihrer Fähigkeiten dienen sollte. »Es schien mir nun, als ob das große Werk meines Lebens erst richtig begonnen hatte.« Drei Tage später war sie wieder da mit einem Gedicht mit drei Strophen, das so begann:

We are going, we are going
To a home beyond the skies,
Where the field are robed in beauty
And the sunlight never dies.
Where the fount of joy is flowing
In the valley green and fair,
We shall dwell in love together,
There shall be no parting there.

Wir gehen, wir gehen
in eine Heimat hinter den Wolken,
wo die Felder in Schönheit gekleidet sind
und das Sonnenlicht nie aufhört zu scheinen.
Wo der Brunnen der Freude fließt
im grünen und hellen Tal,
werden wir in Liebe zusammen leben
und es wird dort keine Trennung geben.

Dieses Erweckungslied war genau das, was Bradbury gesucht hatte. Es war leicht und zwanglos im Versmaß und gut gedichtet, und außerdem enthielt es viel Wärme und Gefühl. Er beschloss, »We Are Going« in das Gesangbuch aufzunehmen, das er gerade zusammenstellte.

In der nächsten Woche schickte Bradbury in Eile nach Fanny und sagte ihr, dass er ein Kriegslied brauche (er veröffentlichte auch weltliche Musik). Er schlug »Unter den Maulbeerbäumen ist ein Klang« als erste Zeile vor. Fanny änderte es ab in »Unter den Bäumen im Wald ist ein Klang«. Bradbury spielte dann die Melodie, zu der sie den Text schreiben sollte. Sie war kompliziert, aber nach mehrmaligem Hören war sie in der Lage, den Rhythmus zu erkennen und passende Worte zu finden.

Bradbury war sprachlos. Er hatte ihr eine extrem schwierige Melodie gegeben, um sie auf die Probe zu stellen, und er hatte angenommen, dass sie zu dieser Musik keinen Text schreiben könne. Sie hatte die Prüfung mit Leichtigkeit bestanden!

»Fanny«, sagte er, »ich bin überrascht! Und solange ich einen Verlag habe, werden Sie auch immer Arbeit haben.«

Und so fing Fanny an, für die Firma William B. Bradbury & Co. zu arbeiten.

W. B. Bradbury & Co

Um den Hauptteil der Gedichte zu erarbeiten, die Bradbury und seine Kollegen für Sonntagsschul-Gesangbücher vertonten, tat sich Fanny mit Mary Ann Kidder und Josephine Pollard zu einem »Trio« zusammen. Das erste Gesangbuch von Bradbury, an dem Fanny mitarbeitete, war *Das Goldene Weihrauchgefäß* (1864). »We Are Going«, das umbenannt wurde in »Our Bright Home Above« und »There's A Cry From Macedonia« werden Fanny zugeschrieben. Sie hat möglicherweise weitere Texte beigetragen, aber Bradbury, der die Praxis Roots und anderer Verleger übernahm, gab nicht immer die Texter an.

Weitere Gesangbücher folgten.

Die meisten ihrer Erweckungslieder erschienen unter dem Namen »Miss Fanny J. Crosby«. Als sie heirateten, war Van bewusst, dass seine Braut, die ja bereits in mittleren Jahren war, eine eigene Karriere und einen eigenen Ruf hatte, und er hatte das Gefühl, dass sie durch eine Namensänderung ihre Karriere hinter der seinen zurückstellen würde. Deshalb ermutigte er sie, ihre Karriere und ihren Namen zu behalten. Fanny nannte sich abwechselnd »Miss Crosby«, »Mrs. Crosby« und »Madame Crosby«. Wenn sie aus rechtlichen Gründen ihren Ehenamen angeben musste, benutzte sie »Van Alstyne«.

Der Bürgerkrieg war vorüber, aber Fannys Arbeit als Liederdichterin fing gerade erst an. Bradbury stellte gerade ein neues Gesangbuch zusammen und Fanny wurde um Liedtexte gebeten. Normalerweise stand zuerst die Musik fest. Meistens gab Bradbury Fanny eine Melodie, zu der sie den Text schreiben sollte; oft gab er ihr auch den Titel und das Thema vor. Dies war jedoch nicht immer der Fall, und häufig durfte sie selbst das Thema wählen und lieferte sogar manchmal das Gedicht, bevor Bradbury oder einer seiner Kollegen die jeweilige Musik schrieben.

Manchmal wurde Fanny durch triviale Unterhaltungsfetzen zu ihren Texten inspiriert – wie zum Beispiel an jenem Nachmittag, als sie, Bradbury, Vet Main und ein bekannter Musiker namens Philip Phillips »verschiedene Dinge besprachen« und Phillips auf seine Uhr sah und feststellte, dass es für ihn Zeit zum Gehen war. »Gute Nacht«, sagte er, »bis wir uns morgen früh wieder sehen.« Als er gegangen war, drehte sich Fanny zu

Bradbury und fragte: »Wenn ich zu diesem Thema ein Lied schriebe, würden Sie dann die Musik dazu komponieren?« Der Komponist stimmte zu, und Fanny schrieb ein Beerdigungslied:

Goodnight! Goodnight! 'Till we meet in the
Morning,
Far above this fleeting shore;
To endless joy in a moment awaking,
There we'll sleep no more.

Gute Nacht! Gute Nacht! Bis wir uns
morgen früh wieder sehen,
weit über diesem flüchtigen Gestade;
in einem Augenblick erwachend zu endloser Freude,
dort werden wir niemals mehr schlafen.

Robert Lowry, der Autor von »Shall We Gather At The River?«, schrieb die Musik dazu. Bradbury war ein kranker Mann, als er und Fanny sich kennen lernten, und er hatte ihr von Anfang an gesagt, dass er nicht mehr lange zu leben hätte. Im April 1866 ging es ihm so schlecht, dass er in den Süden fuhr in der Hoffnung, seine Gesundheit wieder zu stabilisieren. Er blieb den ganzen Sommer dort.

In der Zwischenzeit war Fanny nicht müßig. Sie meldete sich regelmäßig im Büro, um für den neuen Liederband Gedichte zu verfassen und weitere Melodien zu erhalten. Ihre Talente hatten sich auch bei anderen Komponisten und Verlegern von Kirchenmusik herumgesprochen. Eine von ihnen war Phoebe Palmer Knapp, die eine von Fannys treuesten Freundinnen wurde. Sie wurde 1835 geboren und war mit Joseph Fairchild Knapp verheiratet, der später die Metropolitan Life-Versicherungsgesellschaft gründete. Ihr Verständnis von Christlichkeit war es, den Armen zu helfen und soziale Reformen zu unterstützen.

Phoebe war attraktiv, groß und schlank, mit zarten, regelmäßigen Gesichtszügen, intensiv blickenden Augen und dunklem, lockigem Haar.

Obwohl sie tief betroffen war über die bedauernswerte Lage der Armen, verschmähte sie doch in keiner Weise das Leben der Reichen. Sie kleidete sich luxuriös und trug gerne kunstvolle Gewänder und diamantbesetzte Diademe. Die »Knapp-Villa«, eine Luxusresidenz in Brooklyn, galt in New York als eine Institution. Dort unterhielt sie einen Salon im europäischen Stil, wohin die meisten der prominenten Leute ihrer Zeit zu Gast kamen. Fast jeder republikanische Präsident, Unionsgeneral und Methodistenbischof war dort zu Besuch. Ihre musikalischen Abende waren das Stadtgespräch. Ihr Musikzimmer enthielt eine der wertvollsten Instrumentensammlungen des ganzen Landes, und viele bekannte Künstler und Bühnenstars waren ihre Gäste.

Phoebe war sehr gesprächig und hatte den Ruf, eine erdrückende, besitzergreifende, entschlossene Frau und eine bizarre Exzentrikerin zu sein. Sie hielt sich für eine bessere Musikerin, als sie in Wirklichkeit war.

Dennoch gewann Fanny Phoebe lieb und war ein häufiger Gast in der Knapp-Villa, wo sie ungehinderten Zugang zum Musikzimmer hatte. In der Villa wurde sie solchen Würdenträgern wie den Präsidenten Grant, Hayes, Garfield, McKinley und Teddy Roosevelt vorgestellt. Hier unterhielt sie sich oft mit ihrem Freund Henry Ward Beecher und dessen Schwester Harriet Beecher Stowe. Sie lernte den »Blutigen« General William Tecumseh Sherman kennen sowie die vehemente Abstinenzlerin Frances Willard und die Dichterin Alice Cary.

Phoebe hätte gerne mehr für Fanny getan, die in Armut lebte, aber die Dichterin wies ihre Wohltätigkeit zurück. Sie versorgte Phoebe mit vielen Gedichten, die Phoebe vertonte und durch einen ihrer Brüder, der einen Verlag besaß, veröffentlichte.

Ein weiterer Musiker, der sich ernsthaft für Fannys Talente interessierte, war Philip Phillips. Er war vierzehn Jahre jünger als Fanny und im ganzen Lande durch seine Liedergottesdienste berühmt. Seine wunderschönen Bariton-Interpretationen von Erweckungsliedern hatten auf die Zuhörer einen beträchtlichen Einfluss.

Phillips wandte sich gelegentlich an Fanny mit der Bitte um ein oder zwei Erweckungslieder für seine evangelistischen Gottesdienste.

1866 war er damit beschäftigt, ein Gesangbuch zusammenzustellen, das den Titel *Der singende Pilger oder Die Pilgerreise, illustriert mit Liedern für Sabbatschule und Familie* heißen sollte.

Es hatte John Bunyans Klassiker aus dem siebzehnten Jahrhundert zum Thema. Er bat Fanny, Lieder auf der Basis des jeweiligen Grundgedankens ausgewählter Abschnitte zu dichten, und er selbst würde die Musik dazu schreiben.

Er gab ihr eine Auswahl von fünfundsiebzig Zitaten, die jeweils einige Zeilen lang waren. Fanny lernte sie auswendig und suchte davon vierzig aus, die sie für Erweckungslieder passend hielt. Dann dichtete sie im Kopf vierzig Liedtexte. Als der letzte fertig war, diktierte sie einen nach dem anderen ihrer Sekretärin in Bradburys Büro. Phillips und alle anderen waren überwältigt von Fannys phänomenalem Gedächtnis, aber sie spielte es herunter und sagte, dass jeder Mensch ohne Augenlicht sein Erinnerungsvermögen trainieren muss – und andere könnten dies ebenfalls, wenn sie nicht in der Lage wären, sich auf das geschriebene Wort stützen zu können.

Ihre vierzig Erweckungslieder stellten den Großteil des *Singenden Pilgers* dar, der sehr bekannt und weithin verbreitet wurde. Aber nur wenige Leute wussten, wer die beliebten Texte geschrieben hatte, denn ebenso wie Root zahlte Phillips Fanny einen oder zwei Dollar für ihre Leistungen und veröffentlichte die Lieder unter seinem eigenen Namen.

Zusätzlich zu ihren Besuchen bei Phoebe Knapp verbrachte Fanny einen großen Teil ihrer Zeit mit ihren Nachbarn in den Mietshäusern von Manhattan, in denen sie und Van wohnten. Sie veranstaltete ihre eigenen Abendgesellschaften in den schäbigen Häusern und versammelte die Bewohner zu einem Liederabend mit Gitarrenbegleitung.

Sie und ihr Ehemann gingen wohl getrennte Wege. Van hatte seinen eigenen Freundeskreis und seine Aktivitäten, Fanny hatte ihre, und sie schienen damit zufrieden gewesen zu sein. Sie behielten ihr lebhaftes gegenseitiges Interesse an der Karriere des Ehepartners, ohne jedoch daran Anteil zu haben.

Bradbury kam im Herbst 1866 in offenbar erholtem gesundheitlichen Zustand aus dem Süden zurück. Im folgenden Jahr wurde *Frische Lorbeeren* veröffentlicht. Zusätzlich zu dem titelgebenden Lied enthielt es weitere elf Lieder, die Fanny Crosby oder einem ihrer Pseudonyme zugeschrieben werden. Obwohl von unterschiedlicher Qualität, zeigen sie doch alle Merkmale ihrer Kunst: Einfachheit, Direktheit, Gefühlsstärke und eine Beziehung zum täglichen Leben.

1867 lebten Fanny und Van in der Varick Street auf der Lower West Side in einer halben Mansarde im dritten Stock. Dieses Mietshaus, in dem dreiunddreißig Menschen auf unglaublich engem Raum zusammengepfercht waren, war noch weit entfernt von den schlimmsten in den New Yorker Armenvierteln.

Alle Nachbarn scheinen anständige Leute aus der Arbeiterklasse gewesen zu sein. Es gab Schneider, Goldschläger, Droschkenkutscher, Kutschenmaler, Karrenfahrer und Verkäufer im Lebensmittelladen. Ethnisch gesehen gab es viele Iren, Deutsche und Schwarze; Fanny und Van gehörten zur Minderheit der Weißen angelsächsischer Abstammung.

Es gab keine Frischluftzufuhr und kein fließendes Wasser in den Zimmern. Fanny und Van hätten in einer besseren Umgebung leben können, aber Fanny bestand darauf, alles wegzuschenken, was sie bekam und was über ihrer beider Grundbedürfnisse hinausging. Sie wollte mit den Armen als eine von ihnen leben, denn sie glaubte, dass diese Teil ihrer Lebensaufgabe seien. Diese Menschen sahen zu, wie das Gute im Leben an ihnen vorbei zu anderen wanderte. Für sie schrieb sie Lieder wie das folgende:

Gehe nicht vorbei, o Heiland,
hör des Herzens Schrei!
Der du andern Gnad erweisest,
gehe nicht vorbei!

Sie schrieb für die elenden Seelen, die »die Hälfte der Zeit betrunken zu sein scheinen« und im Sommer wegen der erstickenden Hitze auf den Dächern schlafen mussten, für jene auf der untersten Sprosse der sozialen Leiter, deren Unterkünfte unsagbar schmutzig und am Auseinanderfallen waren, die Lumpen, Knochen und Kohlebröckchen sammelten, welche von vorbeifahrenden Wagen fielen.

Sie schrieb auch Verse für die Wohlhabenden, in denen sie sozialen Aktivismus anmahnte:

When, cheerful, we meet in our pleasant home,
And the song of joy is swelling,
Do we pause to think of the tears that flow
In sorrow's lonely dwelling?

Wenn wir uns fröhlich in unserem schönen
Heim sehen
und das Lied der Freude anschwillt,
halten wir dann inne, um der Tränen zu gedenken,
die in der einsamen Unterkunft des Leids fließen?

Schon viele haben angenommen, dass die extreme Schlichtheit der meisten ihrer Lieder ihren Mangel an Intellekt widerspiegelte. Dies ist nicht richtig. Es war nicht ihr Ziel, Gedichte zu verfassen, die von Universitätsprofessoren und Literaturkritikern bewundert werden würden, sondern solche, die für einfache Leute verständlich waren.

Mit der Musik ging es ihr genauso. Wir wissen, dass sie die italienischen Opern kannte und liebte und eine außergewöhnliche Sopranistin, Organistin, Pianistin und Harfenistin war. Sie kannte die Kompositionen Beethovens, Chopins und Mendelssohns gut. Aber sie wusste auch, dass die meisten Leute diese Art Musik nicht verstanden.

Das Gemeindelied war für den ungeübten Sänger gedacht; jedem Gottesdienstbesucher sollte das Mitsingen leicht gemacht werden. Für sie stellten volkstümliche Verse die beste Dichtung für das Gemeindelied dar und die beste Musik dafür waren volkstümliche Melodien.

Nach dem Abschluss eines Librettos für ein Oratorium von Philip Phillips mit dem Namen *Triumph des Kreuzes* traf Fanny im November 1867 jenen Mann, mit dem sie am häufigsten zusammenarbeiten und der auch ihre erfolgreichsten Erweckungslieder vertonen sollte. William Howard Doane war ein wohlhabender Fabrikant aus Cincinnati. Er wurde 1832 in Connecticut geboren; er begann seine Karriere mit sechzehn Jahren in seines Vaters Fabrik für Baumwollwaren und hatte umgehend Erfolg.

Doane hatte noch eine zweite Laufbahn. Von frühester Kindheit an war er auf musikalischem Gebiet seinem Alter weit voraus. Mit sechzehn schrieb er das Lied »Das Grab unter den Weiden«. Während seiner ersten Geschäftsjahre dirigierte er Kirchenchöre und stand verschiedenen Musikvereinen vor. Er hatte eine gute Stimme und war während seiner Zeit in Cincinnati als Kirchensolist ziemlich bekannt geworden.

Bevor er dreißig Jahre alt wurde, war Musik für ihn nur ein Hobby. Dann starb er beinahe an einem Herzanfall. Als frommer Baptist empfand Doane seine Krankheit als eine Strafe Gottes. Er kam zu dem Schluss, dass Gott wollte, dass er mehr Zeit auf das Schreiben sakraler Musik verwendete. Fast sofort nach seiner Gesundung stellte er ein Gesangbuch mit dem Titel *Juwele der Sabbatschule* zusammen, gefolgt von *Der Sonnenstrahl* (1864) und *Das silberne Reis*, das er gemeinsam mit Theodore Perkins 1867 herausgab.

Doane war unzufrieden mit seinen Liedern und glaubte, dass es ihnen an passenden Worten mangele. Ebenso wie Bradbury versuchte er eine Zeit lang, seine eigenen Texte zu schreiben, aber er war kein Dichter, und die Texter, die er anstellte, waren auch nicht besser.

In jenem November besuchte er während eines Aufenthalts in New York einen Freund, Reverend Dr. W.C. Van Meter, der der sogenannten Fünf-Punkte-Mission vorstand. Van Meter wusste, dass Doane Melodien zu Kirchenliedern schrieb und bat ihn um eine Melodie zwecks Verwendung anlässlich des Jahrestages der Gründung seiner Mission. Doane antwortete, dass die Melodie kein Problem sei, aber habe Van Meter einen Text dazu? Van Meter gab ihm ein Gedicht, von dem er glaubte, dass es passend sei.

Doane gefiel es nicht und er durchsuchte seine Aktentasche vergebens nach etwas Besserem. Dann kniete er sich auf den Boden seines Hotelzimmers und bat Gott, ihm den Text für die Feier zu schicken. Außerdem bat er Gott, wie schon so oft, dass er ihm einen Dichter schicken möge, der zu seiner Musik angemessene religiöse Texte schreiben könne.

Sogleich hörte er ein Klopfen an der Tür. Als er öffnete, sah er einen kleinen Jungen mit einem an ihn adressierten Umschlag in der Hand. In dem Brief stand: *Mr. Doane, wir kennen uns nicht, aber ich fühle den inneren Drang, Ihnen dieses Lied zu schicken. Möge Gott es segnen.* Er war unterschrieben mit *Fanny Crosby.* Dabei lag ein Gedicht, welches wie folgt begann:

More like Jesus would I be,
Let my Saviour dwell with me,
Fill my soul with peace and love,
Make me gentle as the dove;
More like Jesus as I go,
Pilgrim, in this world below;
Poor in spirit would I be –
Let my Saviour dwell in me.

Mehr wie Jesus wäre ich,
lass meinen Heiland bei mir wohnen.
erfülle meine Seele mit Frieden und Liebe,
mach mich sanft wie eine Taube;
mehr wie Jesus, wenn ich geh

als Pilger in jener Welt dort unten,
arm im Geiste wäre ich –
lass meinen Heiland bei mir wohnen.

Die Worte schienen ihm geradezu zuzusingen. Welches Lied könnte passender für den Jahrestag einer Heimatmission sein als eines, in dem man Gott um die Gnade bat, »mehr wie Jesus« sein zu dürfen?

Doane hatte keine Schwierigkeiten, eine sanfte und leichte Melodie zu diesen Worten zu schreiben. Er betete nochmals und dankte dem Allmächtigen dafür, dass er ihm nicht nur die Verse, sondern auch die seit langem gesuchte Dichterin geschickt hatte.

Am nächsten Tag trat Van Meter in einer nahen Kirche den Blasebalg der Orgel, während Doane spielte und dazu dieses Erweckungslied sang. Van Meter brach in Tränen aus und war so ergriffen, dass er das Treten unterbrechen musste. Er kam mit glänzenden Augen hinter der Orgel hervor, warf seine Arme um Doanes Hals und rief: »Oh, Doane, woher hast du diese Verse?«

Doane erzählte es ihm und erkundigte sich nach der Verfasserin. Van Meter nannte ihm Fannys Adresse. Doane hatte auf dieser Reise zu viele Verpflichtungen, denen er nachkommen musste, aber er beschloss, den Besuch bei ihr während seines nächsten Aufenthalts in New York nachzuholen.

Bradbury starb langsam und qualvoll an Schwindsucht. Da er ihre Gedichte wegen seiner Krankheit nicht mehr vertonen konnte, wurde Fanny von Bradburys Freund Robert Lowry gedrängt, ihr neuestes Gedicht an Doane zu schicken.

In seinem Abschiedsgespräch mit ihr wies Bradbury Fanny an, »die Arbeit meines Lebens an der Stelle wieder aufzunehmen, wo ich sie niederlege«. Er wollte, dass sie nach seinem Tod die Führung der Sonntagsschulbewegung übernehmen sollte. Im Januar 1868 starb er unter fast unerträglichen Schmerzen im Alter von einundfünfzig Jahren.

Fanny war untröstlich. Gemäß einer Bitte, die der Komponist kurz vor seinem Tod geäußert hatte, sang der Chor bei seiner Beerdigung das erste Lied, das er und Fanny gemeinsam geschrieben hatten: »We Are Going, We Are Going to A Home Beyond the Skies«. Während der Beleidsbezeigungen am Sarg brach Fanny weinend zusammen. Da hörte sie eine geheimnisvolle Stimme, »klar und schön«, die zu ihr sagte: »Fanny, nimm die Arbeit da auf, wo Bradbury aufgehört hat. Nimm deine Harfe, trauere nicht und trockne deine Tränen!«

Auch einige andere hörten die Stimme, aber niemand konnte sagen, woher sie gekommen war.

Musik für die breite Masse

Nach Bradburys Tod wurde der Verlag von seinem Kollegen Sylvester Main und einem ortsansässigen Kaufmann namens Horatio Biglow (1833-ca.1910) umorganisiert. Obwohl Vet Main gelegentlich Musik schrieb, waren er und Biglow in erster Linie Geschäftsleute und überließen die Arbeit des Liederschreibens im Allgemeinen den Dichtern und Musikern, die mit der Firma zusammenarbeiteten. Von jenen war Fanny bald die prominenteste. In vieler Hinsicht war sie mehr als alle anderen verantwortlich für die Entwicklung des Stils der Kirchenlieder, die die junge Firma in den kommenden fünfzig Jahren produzierte. Sie selbst schrieb selten Melodien, aber sie äußerte sich zur Eignung der zahlreichen Melodien, die ihr zwecks Dichtung von entsprechenden Texten zugeleitet wurden.

Bald nach Bradburys Beerdigung kehrte Howard Doane nach New York zurück und besuchte Fanny. Er war entsetzt über den baufälligen Zustand des alten Mietshauses in der Varick Street und genervt von den beobachtenden Blicken der Bewohner aller Hautfarben, die den untadelig gekleideten Herrn mit dem modischen Van Dyck-Bart anstarrten. Doane zwang Fanny, widerstrebend das anzunehmen, was sie fälschlicherweise für zwei Dollar hielt – das Standardhonorar für das von ihr geschriebene Gedicht. Nach seinem Besuch stellte sie fest, dass er ihr zwanzig Dollar gegeben hatte.

Damit begann eine Zusammenarbeit, die siebenundvierzig Jahre andauern sollte. Howard Doane und Fanny Crosby wurden enge persönliche Freunde, und Fanny verbrachte viele Sommer mit ihm und seiner Frau, deren Name ebenfalls Fanny war, und mit ihren Töchtern Ida und Marguerite.

Doane, der mehr als tausend von Fannys Erweckungsliedern vertonen sollte, war kein großartiger Musiker. Er konnte am besten einfache, direkte Melodien im Marschmusik-Stil schreiben.

Fanny arbeitete jedoch gerne mit Doane zusammen. Sie glaubte, dass einfache und mitreißende Melodien von den meisten Leuten am ehesten verstanden und in Erinnerung behalten wurden. Man muss hierbei bedenken, dass es in jenen Tagen für die meisten Leute kaum eine Gelegenheit gab, eine Melodie wiederholt zu hören, denn es gab noch keine Tonaufnahmen und die meisten Menschen waren zu arm, um ein Klavier zu besitzen – oder wenigstens ein Gesangbuch. Man war deshalb beim ersten Hören der Melodie eines Erweckungsliedes gezwungen, sie sich entweder sofort oder gar nicht zu merken.

Doane war ein Mensch von besonderem »Schlag«: er war ein christlicher Geschäftsmann großen Stils. Offensichtlich hatte er sich seinen sagenhaften Reichtum auf ehrlichem Wege angeeignet und wurde nie der Habgier, der Ungerechtigkeit oder der Korruption angeklagt.

Zu einer Zeit, als sich ein solches Verhalten noch lange nicht als steuerlicher Vorteil auswirkte, verschenkte er einen großen Teil seines Einkommens an Wohltätigkeitsorganisationen. Er war ein aktiver ehrenamtlicher Mitarbeiter in der Mount Auburn-Baptistenkirche in der Vorstadt von Cincinnati, wo er eine Villa besaß.

Als Geschäftsmann patentierte er siebzig Erfindungen und perfektionierte die Produktivität der Holzbearbeitungsmaschinen so umfassend, dass ihn Frankreich im Jahre 1889 zum Ritter der berühmten Ehrenlegion ernannte. Als Musiker komponierte er zweitausenddreihundert Erweckungslieder in einem Zeitraum von dreiundfünfzig Jahren.

Wenige Tage nach ihrem Kennenlernen kam er eines Abends wieder und fragte, ob Fanny für ihn ein Gedicht schreiben könne, das die Zeile »Pass Me Not, O Gentle Saviour« enthielt. Sie sagte es zu, aber da es ihr an Eingebung mangelte, ließ sie den Auftrag einige Wochen liegen. Zu Frühlingsbeginn 1868 sprach sie dann während eines Gottesdienstes in einem Gefängnis in der Nähe von Manhattan. Dort hörte sie, wie ein Sträfling laut und herzzerreißend ausrief: »Guter Gott! Geh nicht an mir vorbei!«

Als sie sich am Abend zur Ruhe begab, schrieb sie die folgenden Zeilen:

Gehe nicht vorbei, o Heiland,
hör des Herzens Schrei!
Der du andern Gnad erweisest,
gehe nicht vorbei!
Heiland, Heiland,
hör des Herzens Schrei!
Der du andern Gnad erzeigest,
gehe nicht vorbei!

Sie sandte den Text an Doane, der bald darauf eine Melodie schrieb. Einige Tage später wurde dieses Erweckungslied in jenem Gefängnis gesungen, in dem Fanny dazu inspiriert worden war und wo sie immer noch Gottesdienste abhielt. Es machte auf die Sträflinge großen Eindruck und einige von ihnen bekehrten sich auf der Stelle. Fanny war von der Reaktion der Gefangenen so bewegt, dass sie in Verzückung geriet und hinausgetragen werden musste.

Am 30. April erschien Doane wieder in Fannys Wohnung. »Ich habe genau vierzig Minuten«, sagte er, »bis mein Zug nach Cincinnati fährt. Ich habe eine Melodie für Sie. Schauen Sie, ob sie Ihnen irgendetwas sagt. Vielleicht können Sie sie in Ihrem Gedächtnis behalten und dann dazu ein passendes Gedicht verfassen.« Er summte eine einfache, wehmütige Melodie.

Nachdem sie sie nur einmal gehört hatte, klatschte Fanny in die Hände, wie sie es immer tat, wenn ihr etwas gut gefiel. »Aber ja, das sagt ›Sicher in Jesu Armen‹!« Sie schrieb ihre besten Lieder, wenn ihr die Melodien »etwas sagten«.

Sie hastete in das andere Zimmer ihrer winzigen Wohnung, kniete auf dem Fußboden, wie sie es immer vor dem Dichten eines Erweckungsliedes tat, und bat Gott um eine Eingebung. Da er sah, dass seine Dienerin in Eile war, hielt Gott es für angebracht, diese Bitte sogleich zu gewähren. Innerhalb einer halben Stunde hatte Fanny den kompletten Text fertig. Sie behauptete später, sich während dieser Zeitspanne ihrer Umgebung »absolut nicht bewusst« gewesen zu sein. Dies galt auch für alles andere außer dem Lied, das sich ohne ihr Zutun in ihrem Kopf entwickelte. Sie war immer der Meinung, dass dieses Lied nicht ihrer eigenen Fähigkeit, sondern ganz und gar dem Wirken des »gesegneten Heiligen Geistes« zu verdanken war.

Zu Doane zurückkehrend diktierte sie hastig:

Sicher in Jesu Armen,
sicher an seiner Brust,
ruhend in seiner Liebe,
da find ich Himmelslust.
Mit holder Hirtenstimme
ruft mir mein Heiland zu:
Lass ab vom eignen Ringen,
an meinem Herzen ruh!

Sicher in Jesu Armen,
sicher an seiner Brust,
ruhend in seiner Liebe,
da find ich Himmelslust ...

Es wurde ein sofortiger Erfolg. Nachdem Biglow und Main es drei Jahre später in ein Gesangbuch aufgenommen hatten, wurde es im ganzen Land gesungen. Fanny hatte immer eine besondere Beziehung zu diesem Lied. Sie sagte gerne, dass sie es »für tote Verwandte« geschrieben habe und für Mütter, die ihre Kinder verloren hatten. War sie vielleicht durch die Erinnerung an ihr eigenes totes Kind dazu inspiriert worden?

Im folgenden Jahr lud Doane Fanny zu einem ersten Besuch in seine Heimat ein. Sie sprach zu einer Arbeitergruppierung in Cincinnati. Gegen Ende ihrer Rede hatte sie die überwältigende Empfindung, dass »der Junge irgendeiner Mutter« im Publikum »entweder an diesem Abend oder gar nicht« gerettet werden musste. Sie bat nachdrücklich: »Wenn es hier und heute Abend einen Jungen gibt, der sich vielleicht von seiner Mutter Heim und Erziehung entfernt hat, würde dieser Junge dann bitte nach Ende des Gottesdienstes zu mir kommen?«

Tatsächlich kam ein etwa achtzehnjähriger junger Mann zu ihr und fragte: »Meinten Sie mich?« Er erzählte Fanny, dass er seiner Mutter versprochen hatte, sie im Himmel wieder zu sehen, »aber ich glaube, so, wie ich gelebt habe, wird das wohl nicht mehr möglich sein«.

Fanny betete voller Ernst über dem Jugendlichen, und »endlich stand er mit einem neuen Licht in seinen Augen auf und rief aus: ›Nun kann ich meine Mutter im Himmel treffen, denn jetzt habe ich ihren Gott gefunden!‹«

Doane hatte Fanny kurz zuvor gebeten, ein Lied über das Motto der Heimatmissionen »Suche vom Grabesrand Seelen zu retten!« zu schreiben. Bevor sie in jener Nacht zu Bett ging, dichtete sie ein komplettes Lied, das wie folgt begann:

Suche vom Grabesrand Seelen zu retten!
Nimm der Verlornen in Liebe dich an!
Reiche die Bruderhand, löse die Ketten,
führe Verirrte zu Jesu hinan!
Du, der einst Rettung fand,
eile zu retten!
Jesus hat alles für alle getan!

Am nächsten Tag rezitierte sie es für Doane, der dazu sofort eine anrührende Melodie komponierte. Im nächsten Jahr wurde es (»Gehe nicht vorbei«) in seinem Band *Andachtslieder* veröffentlicht und wurde landesweit ein wahrer Schlachtruf aller Heimatmissionsmitarbeiter.

Biglow und Main in New York und die John Church Company in Cincinnati gehörten zu den größten Verlegern von Erweckungsliedern im ganzen Land.

Ab dem Ende der sechziger Jahre des vorigen Jahrhunderts beherrschten Fannys Lieder die Gesangbücher, die von der New Yorker Firma verlegt wurden.

Ihre Dichtkunst war so produktiv, dass die Verleger sie bitten mussten, Pseudonyme zu benutzen, um die Tatsache zu verschleiern, dass sie sich in einem solchen Ausmaß auf die Fähigkeiten einer einzelnen Liederdichterin verließen. Neben der Angabe ihres eigenen Namens mit »Fanny«, »F. A. N.«, »F. J. C.«, »Fanny Van Alstyne«, »Mrs. Alexander Van Alstyne« und »Mrs. Van A.« zeichnete sie mit ziemlich merkwürdigen Benennungen: »L. L. A.«, »J. W. W.«, »###«, »"*« und »der Freund der Kinder«. In den achtziger und neunziger Jahren erweiterte sie die Liste ihrer Pseudonyme um »Carrie Hawthorne«, »Louise W. Tilden«, »Maud Marion«, »Ryan A. Dykes«, »H. N. Lincoln« und andere.

Der Gebrauch von Pseudonymen war auch unter ihren Freunden üblich. Ira Sankey benutzte ebenfalls den Namen »Rian A. (oder auch »Ryan A.) Dykes«. George Coles Stebbins schrieb häufig einfach als »George Coles«. Charles H. Gabriel, der Anfang des 20. Jahrhunderts viele von Fannys Liedern vertonen sollte, hatte siebzehn »Namen der Feder«. Aber niemand reichte an Fannys phantasievolle Sammlung von zweihundertundvier Pseudonymen heran!

Fanny war bei Komponisten von Erweckungsliedern sehr gefragt, und sie hatte keinerlei Schwierigkeiten damit, deren Nachfrage zufrieden zu stellen. In siebenundvierzig Jahren versorgte sie allein Biglow und Main mit 5959 Liedern (allerdings wurden nur etwa zweitausend davon veröffentlicht). Wenn ein Thema vorgeschlagen wurde, schrieb sie oft mehrere Gedichte und ließ den Komponisten seine Wahl treffen.

Natürlich litt unter der Quantität ihrer Verse deren Qualität. Gleichzeitig produzierte sie dabei aber auch einige ihrer beliebtesten Lieder.

Fanny schrieb auch weiterhin für Komponisten, die nicht offiziell für Biglow und Main arbeiteten. Neben einem erheblichen Beitrag zu Philip Phillips' *Musikalische Blätter* (1868) dichtete sie1869 mehr als zwanzig Erweckungslieder für Phoebe Knapp, die *Klänge der Freude* zusammenstellte. John Robson Sweney, ein Liederdichter aus Philadelphia, den Fanny erst später kennen lernen sollte, veröffentlichte einige ihrer Lieder in seinen Gesangbüchern. Ab 1870 etwa war sie auf dem besten Wege, die Königin aller Erweckungsliederdichter zu werden.

Fanny passte ihre Texte oft an bekannte Melodien an. Ein Beispiel dafür ist »We Thank Thee, Our Father« geschrieben zu der berühmten Melodie von »Herbei, o ihr Gläubigen«. Sie schrieb Gedichte zu schottischen und walisischen Weisen und verwendete Melodien von Stephen Foster.

Als ausgezeichnete klassische Musikerin war Fanny sehr wohl dazu fähig, ihre eigene Musik zu schreiben. Als Privatperson improvisierte sie auf dem Klavier, und es heißt, dass viele ihrer Kompositionen wirklich schön waren, aber sie weigerte sich, sie niederschreiben zu lassen. Sie schrieb auch Melodien zu Erweckungsliedern, von denen aber nur wenige veröffentlicht wurden. Sie hatte das Gefühl, dass die Melodien, die sie schrieb, für den durchschnittlichen Gottesdienstbesucher zu schwierig waren. Sie stellte gemeinsam mit Van ein Gesangbuch zusammen. Doch Biglow und Main wiesen es zurück, denn die Direktoren glaubten, dass die Öffentlichkeit kein Interesse an Gesangbüchern hätte, die aus der Feder von nur zwei Menschen stammten. Es ist möglich, dass ihre Lieder auch als zu schwierig und anspruchsvoll für den Geschmack der breiten Masse eingestuft wurden.

Die einzigen veröffentlichten Lieder, für die sie sowohl die Musik als auch den Text schrieb, sind »Jesus, Dear, I Come to Thee«, »The Blood-Washed Throng« (enthalten in ihrer Autobiographie aus dem Jahre 1906) sowie ein Frühlingslied.

Einer der prominentesten Komponisten, der ihre Lieder vertonte, war Robert Lowry. Ihr bei weitem erfolgreichstes gemeinsames Werk war »Jesus führt mich allerwegen«, das 1875 veröffentlicht wurde. Lowry war sechs Jahre jünger als Fanny und ein bekannter Baptistenpfarrer, der sein Publikum mit seinem außergewöhnlichen Talent zum anschaulichen Beschreiben hinreißen konnte; seine große Liebe war jedoch stets die Musik. Lowry pflegte zu sagen, dass er mit Erweckungsliedern mehr Leute erreichen könne als mit Predigten.

Lowrys Fähigkeiten als Komponist waren fast ebenso begrenzt wie die von Doane und anderen Zeitgenossen. Er komponierte am besten Lieder, die nach einem militärischen Blaskapellen-Stil verlangten wie »Shall We Gather at the River?«. Er war ein angenehmer, fröhlicher Mann mit Bart, ein Intellektueller, bekannt als der »gute Doktor«. Fanny liebte es, wenn er für sie Gedichte vortrug. Er hatte ein Gespür für musikalische Qualität und es nagte an ihm, dass er nur in dem von ihm als »Blaskapellen-Musik« bezeichneten Genre erfolgreich war.

Fanny schrieb fast keine Texte mehr für Sylvester Main, der ein netter und höflicher Mann war und den sie als »treuen Berater und Führer« kannte. Er war mehr mit der Leitung seiner Firma beschäftigt als mit Komponieren. Vets Sohn Hugh jedoch, der damals seinem Vater als Assistent zur Seite stand, vertonte viele von Fannys Liedern. Beginnend im Jahre 1869 mit *Der Sieg* sammelte und verlegte Hugh im Laufe der Zeit fast dreißig verschiedene Bücher mit Erweckungs- und weltlichen Liedern und schrieb die Musik zu mehr als tausend Gedichten. Er war ein weit besserer Musiker als Lowry oder Doane und konnte ebenso wie Fanny auch anspruchsvolle Musik schreiben. Aber genau wie sie schrieb er lieber Melodien im volkstümlichen Stil, denn er hielt viel von der »Musik für die breite Masse«.

Wie wir bereits wissen, komponierte Van die Melodien zu einigen Liedern seiner Frau. Ein weiterer Komponist, der verschiedene Gedichte von ihr vertonte, war William F. Sherwin.

Eine von Fannys am meisten geschätzten Freunden war die fast siebzehn Jahre jüngere Frances Ridley Havergal. Die Engländerin war schon eine weithin anerkannte Liederdichterin, bevor Fanny anfing, für Bradbury zu schreiben. Fanny fand die Lieder, die Frances schrieb, besser als ihre eigenen; darunter waren »Who Is on the Lord's Side?« und »Take My Life and Let It Be Consecrated, Lord, to Thee«. Die beiden Dichterinnen unterhielten einen regelmäßigen Briefwechsel und, obwohl sie sich in diesem Leben nie persönlich trafen, bewunderten sie sich doch gegenseitig.

Das Jahr 1873 stand sowohl für ein Ende als auch für einen Neubeginn. Sylvester Main starb im Alter von sechsundfünfzig Jahren. Der Anfang stand für die Arbeit von Dwight L. Moody, der später in Fannys Leben eine wichtige Rolle spielen sollte. Gemeinsam mit seinem Bariton-Solisten Ira D. Sankey veranstaltete Moody eine Reihe evangelikaler Versammlungen auf den Britischen Inseln, während derer sich Tausende zum Glauben an Christus bekannten. Sogar Alexandra, die Prinzessin von Wales, gab zu, durch Moodys Predigten »große Hilfe erhalten« zu haben.

Dank Sankeys herzzerreißendem Gesang »verliebte« sich das britische Publikum in Sonntagsschullieder. Sankey verwendete viele von Fannys Erweckungsliedern. »Gehe nicht vorbei, o Heiland« erreichte einen sensationellen Bekanntheitsgrad. Fannys Name wurde in Großbritannien zu einem geläufigen Begriff.

Im nächsten Jahr wurde Fanny einem hoch gewachsenen Mann mit goldblondem Kopf- und Barthaar und einer Herkulesgestalt vorgestellt. Philip P. Bliss, die zweite führende Persönlichkeit der amerikanischen Liederdichtung, hatte mit seinen hervorragenden Werken in der religiösen Welt Furore gemacht. Anders als Fanny schrieb er seine eigene Musik und verlegte auch seine eigenen Liederbücher, die von der John Church Company veröffentlicht wurden. Nur gelegentlich komponierte er Melodien zu anderer Leute Gedichte.

Bliss wurde 1838 geboren und genoss nur eine kurze musikalische Ausbildung, aber er wurde als Musiklehrer und Sänger von Erweckungsliedern berühmt.

Der Titel seines Gesangbuches *Gospel Songs* (1874) war zum Teil der Grund, dass das Sonntagsschullied als Gospel- oder Evangeliumslied bekannt wurde. Bliss schrieb das enorm populäre Marschrhythmus-Lied »Hold the Fort«, welches sich zusammen mit »Gehe nicht vorbei« wie ein Lauffeuer auf den Britischen Inseln verbreitete.

Bliss' musikalisches Talent im Bereich des Gospelliedes war dem aller seiner Zeitgenossen – vielleicht mit Ausnahme von Sankey – weit überlegen. Seine Bassstimme war voll und mächtig. Moody erkannte, dass er von großem Wert für die evangelikale Arbeit sein könnte, und er drängte Bliss, hauptamtlicher Evangelist zu werden. Er wollte Bliss mit Daniel Webster Whittle zusammenbringen, der wie Moody ein Laie und ein außergewöhnlich guter Prediger war.

Es war für Bliss eine schwierige Entscheidung, da er gerade endlich an dem Punkt angelangt war, wo er von seinen Tantiemen bequem leben konnte. Evangelikale Vollzeit-Arbeit würde bedeuten, sowohl weniger Zeit für seine liebste Beschäftigung, dem Schreiben von Erweckungsliedern, als auch weniger Einkommen zu haben. Aber er akzeptierte Moodys Weisung als den Willen Gottes und ging fröhlich an seine neuen Aufgaben.

Im gleichen Jahr stimmten Sankey und Bliss einige ihrer Lieder aufeinander ab und stellten *Gospels und Kirchenlieder* zusammen, gemeinsam veröffentlicht von der John Church Company und von Biglow und Main. Zu Beginn seiner Zusammenarbeit mit Biglow und Main lernte Fanny Bliss kennen. Sie bewunderte sein musikalisches Können und hoffte möglicherweise auf eine Gelegenheit zur Zusammenarbeit mit ihm. Bliss war jedoch zu jener Zeit nicht auf der Suche nach neuen Gedichten zum Vertonen.

In der Zwischenzeit war Fanny beschäftigt mit einer Vortragsreise, die sie bis nach Cincinnati führte, wo sie in der Doane-Villa zu Gast war. Eines Abends sprachen Doane und sie über die Nähe Gottes. Die Sonne war am Untergehen und die abendlichen Schatten zogen sich zusammen. Fanny konnte genug sehen, um sich an der Schönheit und am Wunder des Augenblicks zu erfreuen, der für sie ein Beispiel für das wunderbare Wirken Gottes war. Sie war fast ekstatisch, als sie sich zurückzog, und bevor sie sich niederlegte, schrieb sie die Verse zu »Ich bin dein, o Herr«. Dieses Lied wurde im nächsten Jahr in *Strahlendstes und Bestes* veröffentlicht und wurde sofort ein großer Erfolg.

In der Tat brachte dieses Liederbuch für Fanny eine Rekordanzahl von Erfolgen: Zum ersten Mal veröffentlicht wurden auch »Jesus führt mich allerwegen«, »Saviour, More Than Life to Me« und »Yes, there Is Pardon for You«. Das unkomplizierte »O Gott, dir sei Ehre« mit seiner einfachen Darlegung des christlichen Glaubens wurde bei seiner Veröffentlichung kaum zur Kenntnis genommen; es wurde erst von Billy Graham in den fünfziger Jahren wieder entdeckt und populär gemacht.

1875 war Fanny fünfundfünfzig Jahre alt. Sie und Van lebten jetzt auf der East Side in der Nähe der Büros von Biglow und Main. In jenem Jahr sollte im religiösen Leben New Yorks etwas Wichtiges stattfinden: Moody und Sankey kamen nach Brooklyn, um eine Evangelisation durchzuführen.

David und Jonathan

Am 24. Oktober 1875 waren die Straßen um den Brooklyn Rink schon um sieben Uhr in der Frühe voller Menschen. Als Moody um neun Uhr auf der Bühne erschien, war das riesige Gebäude voll gestopft mit siebentausend meist jungen Leuten.

»Lasst uns mit dem vierundzwanzigsten Lied beginnen«, sagte er. Sofort kam ein »breitschulteriger, kräftiger Mann mit einem Lächeln im Gesicht und dunklem, lockigem Haar, dunklem Schnurrbart und Koteletten« zu ihm auf die Bühne. Ira D. Sankey setzte sich an das kleine Harmonium und lud das Publikum ein: »Bitte erheben Sie sich und singen Sie aus vollem Herzen!«

Nach dem Singen von Erweckungsliedern und einer Predigt des örtlichen Pfarrers las Moody in seiner zügigen Art und mit seinem Yankee-Näseln aus dem Vierten Buch Mose, Kapitel 13, in dem beschrieben ist, wie das Volk Israel das Land Kanaan erreichte. Moses Späher berichteten von einem Land, in dem Milch und Honig flossen – das jedoch auch von furchtbaren Riesen bewohnt war.

Nach der Lesung sang Sankey »Here I Am! Send Me!« Die New Yorker hörten zum ersten Mal jene Stimme, die das Herz Englands zum Schmelzen gebracht hatte. Während Sankeys prächtiger Bariton im ganzen Saal widerhallte, schluchzte die Menge und wiegte sich im Takt.

Darauf schritt Moody zum Lesepult, um über Vers 30 »Lasst uns hinaufziehen und das Land einnehmen, denn wir können es überwältigen« zu predigen. Er sprach von einer Erweckung in der Stadt New York, und seine Predigt wurde von »Jawohl!«- und »Amen!«-Zwischenrufen aus dem Publikum bekräftigt. Er kritisierte den Unglauben der etablierten Kirchen, der, so sagte er, Gottes Werk verhindere. Er verglich jene, die die Möglichkeit der Erweckung von New York anzweifelten, mit dem Volk Israel, das Angst davor hatte, das Gelobte Land zu betreten. »Wenn wir *glauben*, können wir Riesen und Mauern und einfach alles überwinden!«, rief er aus. Das Publikum tobte.

Er schloss mit dieser Botschaft:

»Wenn ich die Stimme von Engeln hätte, würde ich die vierzigtausend Pfarrer gerne fragen: ›Sollen wir hinaufziehen und das Land einnehmen?‹ Wenn ja, müssen wir uns an die Arbeit machen! Wir müssen uns dem Herrn hingeben. Wir müssen der Welt ade sagen – aufhören mit Feiern und Festen und Vorträgen!«

Dieser Ratschlag, der modernen Beobachtern, ja sogar modernen Gläubigen so fremdartig erscheint, wurde mit einem mächtigen »Amen«-Chor beantwortet. Moody fragte jeden einzelnen der örtlichen Pfarrer, die auf der Bühne saßen, ob er bereit sei. Nachdem sie dies alle bestätigt hatten, brach das Publikum in »Ja!«-, »Amen!«- und »Hurra!«-Beifallsstürme aus.

Die rasende Begeisterung wurde noch weiter angefacht durch Sankeys Wiedergabe von Bliss' »Only An Armour-Bearer«. Nach dem Schlusssegen ergossen sich Scharen Jugendlicher aus dem Brooklyn Rink, marschierten untergehakt die Fulton Street entlang und sangen Bliss' »Hold the Fort, for I Am Coming«.

Am nächsten Nachmittag war die gesamte Gegend um den Brooklyn Rink mit Menschen verstopft, von denen viele von Manhattan her über den East River gekommen waren. In dem Augenblick, als die Tore aufgerissen wurden, erkämpften sich siebentausend Menschen ihren Weg »drückend, stürmend, keuchend zu den vorhandenen Sitzen«. Eine gleich hohe Anzahl Besucher musste draußen bleiben.

Wer waren diese Männer, die in Schottland solch einen tiefen Eindruck hinterlassen hatten und die nun so viel dazu beitrugen, die Erweckungslieder von Fanny Crosby in der gesamten Englisch sprechenden Welt bekannt zu machen?

Dwight Lyman Ryther Moody war ein ungebildeter Mann aus der Provinz aus dem Norden von Massachusetts. Er wurde 1837 geboren und als Unitarier erzogen. Während er als Jugendlicher in einem Schuhgeschäft in Boston arbeitete, bekehrte er sich zum orthodoxen Trinitarier-Kongregationalismus. Später hätte der dynamische junge Mann in Chicago leicht ein Vermögen im Verkauf verdienen können, aber er beschloss, dass er Gott stattdessen am ehesten durch das »Verkaufen« des Evangeliums dienen würde.

In den sechziger Jahren des vorigen Jahrhunderts tat Moody als CVJM-Mitarbeiter viel, um armen Jungen aus den Armenvierteln von Chicago zu helfen. Er war so erfolgreich, dass er gebeten wurde, Erweckungsversammlungen abzuhalten, später auch evangelistische Treffen, sogenannte »Evangelisations-Kampagnen« in Großbritannien. Durch ihren dortigen Erfolg wurden Moody und sein Freund, der Musiker Sankey, internationale Berühmtheiten. Moody wurde niemals ordiniert, aber als er aus Europa zurückkehrte, sahen viele protestantische Geistliche und Laien in ihm ihren geistlichen Führer. Bis zu seinem Tode war er vielleicht die wichtigste und einflussreichste Persönlichkeit aller protestantischen Kirchen Amerikas.

Moodys Wirkung hatte wenig mit seiner persönlichen Erscheinung zu tun. Im Alter von achtunddreißig Jahren war er etwa 1,58 m groß und wog stabile 220 Pfund. Er war muskulös, zeigte aber noch keine Anzeichen der enormen Korpulenz, die ihn später auszeichnen sollte. Er hatte einen kleinen Kugelkopf mit derben, recht unattraktiven Zügen, die normalerweise von einem Riesenbart verdeckt wurden. Moody sprach mit einem starken Neuengland-Dialekt, den viele nur schwer verstehen konnten. Er redete schnell; man sagte, dass er das Wort »Jerusalem« als eine einzige Silbe aussprach.

Er schickte seine beiden Söhne nach Yale, aber er überschätzte Bildung nicht. »Ein gebildeter Gauner ist die schlimmste Art Gauner«, behauptete er. Er verachtete Bibelkommentare. »Ich studiere die Seiten (der Bibel) nicht durch die Brille irgendeines gelehrten Kommentators, sondern mit meinen eigenen Augen.« Dennoch wurde Moody, der täglich mehrere Stunden predigte, nicht nur von den Ungebildeten, sondern auch von vielen Intellektuellen geliebt und respektiert.

Moody war musisch ganz und gar nicht begabt. Er konnte kein Instrument spielen und sang fürchterlich. Er liebte es jedoch, Musik zu hören und erkannte ihren Wert für die Evangelisation. Ebenso wie Fanny glaubte er, dass das Evangelium in das Bewusstsein jener Menschen, deren Gefühle nicht für Predigten empfänglich waren, hineingesungen werden konnte. Deshalb legte er Wert darauf, dem Singen im Gottesdienst ebenso viel Zeit einzuräumen wie dem Predigen.

In den Anfangstagen seiner Laufbahn suchte Moody einen Partner, um »das Evangelium zu singen«, während er es predigte. Er fand diese Person 1870 während einer CVJM-Tagung in Indianapolis. Der Gesang war furchtbar, bis ein unbekannter Steuerbeamter aus dem westlichen Pennsylvania zum Singen überredet werden konnte. Seine Interpretation von »Es ist ein Born, draus heilges Blut« fesselte das Publikum. Als der Gottesdienst vorüber war, suchte Moody den Sänger, Sankey, auf und bestand darauf, dass dieser sofort seinen Beruf aufgeben und sich ihm in Chicago anschließen solle. Sankey, der eine Frau und zwei Kinder hatte, war von den Forderungen des dreisten Fremden schockiert.

Nachdem Sankey nach Pennsylvania zurückgekehrt war, setzte Moody ihm weiterhin so lange zu, bis er nachgab, seinen Arbeitsplatz kündigte und mit seiner Familie nach Chicago zog, wo er zu einem unabtrennbaren Teil von Moodys evangelikaler Arbeit wurde.

Die beiden Männer wurden sowohl enge Freunde als auch Kollegen. Fanny sprach von ihnen als David und Jonathan, womit sie an die enge Freundschaft zwischen Israels zukünftigem König und dem Sohn von König Saul erinnerte. Bis zu dem Zeitpunkt, an dem ihm seine Stimme den Dienst versagte, stellten Sankey und Moody eine Einheit dar, denn Moody war der Meinung, dass der Sänger ebenso wichtig war wie der Prediger.

Ira David Sankey wurde 1840 in Edinburgh im Staat Pennsylvania geboren. Ebenso wie Moody kam er aus einer armen Familie und hatte fast keinerlei Ausbildung. Er kämpfte im Bürgerkrieg für die Union und leitete während seiner Militärzeit häufig den Gesang während der Gottesdienste. Während seiner Zeit als Steueragent wurde er als Solist der Methodistenkirche in Newcastle, der er und seine Frau Fanny angehörten, ortsbekannt.

Sankey, der 1,78 m groß war und 200 Pfund wog, war im Gegensatz zu seinem ziemlich ungehobelten Freund verbindlich und geschliffen. Er liebte Gehröcke und graue Seidenzylinder und trug modische Koteletten. Sankey war ein gefühlsbetonter Mann, normalerweise jovial, aber leicht verärgert und depri- miert. Außerdem war er etwas aufgeblasen und geschwätzig.

Sankey hatte offenbar eine wirklich schöne Stimme und hätte einer der weltbesten Opernsänger werden können. Die *New York Times* beschrieb seine Stimme als »eine seltene Verbindung von Stärke und Lieblichkeit«. Aber Sankey hatte keinerlei Stimmtraining und nach einigen Jahren voller Evangelisations-Kampagnen mit Moody war seine Stimme ruiniert.

Das erste Anzeichen der Verschlechterung war eine Heiserkeit, die Anfang 1876 offenbar wurde. Bevor er vierzig wurde, war seine einst wunderbare Stimme ein Wrack. Seine wenigen Platten nahm er auf, als er schon fast sechzig war; sie offenbaren nur mehr eine laute, heisere, dröhnende Muschel.

Dies waren die Männer, die im Herbst 1875 New York im Sturm einnahmen. Moody und Sankey waren weniger gefühlvoll als die Durchschnittsevangelisten ihrer Zeit. Die Zurufe im Brooklyn Rink waren nur ein schwacher Abglanz vieler Erweckungsversammlungen, in denen Leute nachweislich glühende Öfen umarmten, sich auf Hände und Knie warfen und Tierstimmen imitierten.

Zu dieser Zeit in seiner Laufbahn betonte Moody die Hölle weitaus weniger als viele andere Evangelisten. Er bekämpfte Darwins Evolutionstheorie energisch, aber er war weniger streng in anderen Bereichen. Obwohl er weder rauchte noch Alkohol trank, nicht an Kartenspielen teilnahm und noch nicht einmal ein Theater besuchte, predigte er selten gegen diese Dinge. Er befasste sich mit sozialer Gerechtigkeit und stand der Rassenintegration wohlwollend gegenüber. Die schwarzen Gesichter, die im Publikum und sogar auf der Bühne des Brooklyn Rink zu sehen waren, verblüfften die New Yorker. Im folgenden Jahr wurde Moody im Süden zur *persona non grata* (= nicht genehme Person) und man beschuldigte ihn des Versuches, »die Beziehung zwischen der weißen und der schwarzen Rasse« ändern zu wollen.

Im Herbst und Winter des Jahres 1875 jedoch breitete sich die Erweckung unter Moodys Predigten und Sankeys Gesang aus. Sie führten im November in Philadelphia und im Februar im Hippodrom in Manhattan Evangelisationen durch. Fanny und Van waren zurück auf die West Side gezogen und hatten eine Mietwohnung in der Hudson Street. Es ist fast als sicher anzusehen, dass sie viele dieser Versammlungen besucht hat. Die Erweckungen im Hippodrom wurden ebenso begeistert angenommen wie jene im Brooklyn Rink.

Obwohl dies die Epoche der Zeltversammlung und des auf die Bibel hämmernden Evangelisten war, so war es andererseits auch die Zeit des Mediums, der Séance und des Geisterklopfers. Evangelikale Christen hatten ebenso sehr mit einer grassierenden Begeisterung für alles Okkulte wie mit dem Unglauben zu kämpfen. Séancen waren äußerst beliebt. 1863 hatte Präsident Lincoln im Weißen Haus eine Séance abgehalten und die Geister von Washington, Franklin, Lafayette und anderen verstorbene, Persönlichkeiten, um Rat gefragt.

Fanny wurde Moody und Sankey 1876 während ihres Aufenthalts in New York vorgestellt, und von diesem Zeitpunkt an war ihre Zukunft untrennbar mit der der beiden Männer verbunden. Durch deren Auftritte wurden viele ihrer Erweckungslieder einem Massenpublikum bekannt gemacht. Und Moody und Sankey waren erpicht darauf, von Fanny mit Liedern versorgt zu werden; sie hielten sie für eine der großartigsten Liederdichterinnen ihrer Zeitepoche. Sankey begann, Folgeausgaben von *Gospels und Kirchenlieder* mit ihren Dichtungen zu füllen. Durch Zusammenarbeit mit Biglow und Main erhielt er die Rechte für viele Lieder, die sie bereits geschrieben hatte. Er engagierte sie zum Dichten neuer Lieder und begann, Melodien zu vielen ihrer Gedichte zu schreiben. Obwohl ohne entsprechende Ausbildung, komponierte er häufig Weisen von herzzerreißender Lieblichkeit.

Fanny verbrachte jede Woche mehrere Tage in den Büros von Biglow und Main, war aktiv in der christlichen Arbeit unter Armen und Sträflingen und leitete oft Abendveranstaltungen in Mietsunterkünften. Sie erhielt außerdem viele Einladungen als Gastrednerin oder zum Predigen und reiste viel.

Bemerkenswerterweise reiste sie ohne Begleitung. Sie erlaubte ihrer Blindheit nicht, sie in ihren Unternehmungen zu behindern, und sie erlaubte es niemandem, sie als Behinderte zu behandeln.

Die Königin des Gospels

Jegliche Hoffnungen bezüglich einer Zusammenarbeit mit Philip Bliss, die Fanny gehabt haben mochte, zerschlugen sich endgültig kurz nach Weihnachten 1876. Bliss und seine Frau waren unterwegs zu einer Evangelisation in Chicago gewesen und kamen bei einem Zugunglück ums Leben.

Der Tod von Bliss, der nur achtunddreißig Jahre alt wurde, »umwölkte« Fannys Gedanken. Bald verlegte sie mit ihren Kollegen bei Biglow und Main seine letzten Lieder; sie wurden als ein gemeinsames Projekt mit John Church in Cincinnati veröffentlicht. Viele der Lieder waren unvollendete Gedichte, die sein Partner, Major Whittle, fertig stellte. Die Sammlung wurde 1877 veröffentlicht.

Fanny beschränkte ihre literarischen Versuche nicht auf sakrale Lieder. Sie schrieb Gedichte zu Geburtstagsfeiern, zu Jahrestagen und zu anderen Anlässen, und sie schrieb auch weiterhin weltliche Lieder. Obwohl sie in den letzten beiden Jahrzehnten zunehmend religiöser geworden war, schrieb sie doch immer noch gerne Liebeslyrik.

Durch ihre Vortragstätigkeit war sie oft zu Reisen außerhalb New Yorks genötigt; ihre Ansprachen glichen ihren Erweckungsliedern: sie waren einfach, direkt und persönlich. Dieser innige Sprachstil, verbunden mit der Liebe und Freude, die sie in ihren mittleren Lebensjahren ausstrahlte, machte sie zu einer populären Rednerin.

Es wird berichtet, dass es verschiedentlich vorkam, dass Besucher, in der Hoffnung eingelassen zu werden, in einer langen Schlange warteten, welche sich um einen ganzen Häuserblock zog.

Fanny nahm das Publikum im Sturm mit ihrer berühmten Begrüßung: »Gott segne eure lieben Herzen! Ich bin so froh, bei euch zu sein!« Sie hielt dabei immer ein Büchlein in der Hand, von dem viele annahmen, dass es Notizen in Braille-Schrift enthielt, das aber nur dazu diente, ihr ein Gefühl von Sicherheit zu geben, wie sie einmal zugab. Sie sagte dann vielleicht die folgenden Worte:

»Meine Freunde, ich bin ausgeschlossen aus dieser Welt, aber umgeben von meinem Herrn! Ich habe ihm so gut gedient, wie ich es konnte. Als ich heute Abend der Ansprache (der Person, die sie vorstellte) zuhörte, dachte ich: ›Nicht mir, oh Herr, sondern dir gebührt alle Ehre!‹ Der Herr ist die Sonne meiner Seele. Ich will nicht mir selbst, sondern ihm leben. Ich erinnere mich an meine Großmutter, wie ich neben ihrem Sessel kniete, in dem sie mich in den Schlaf schaukelte und mich beten lehrte, dass er mir meine Bitten gewähren möge, wenn es sein Wille sei; dass es aber besser für mich wäre, das Gewünschte nicht zu erhalten, wenn es der Herr nicht wolle.

Meine Freunde, es ist so schön, geliebt zu werden! Geliebt von Gottes eigenen Kindern! Die Erinnerung an diese Versammlung wird in meinem Geiste niemals verblassen! Wenn ich heimkehren und das Antlitz meines Vaters mit dem Strahlen seines Lächelns schauen werde, werden meine Gefühle der zärtlichen Zuneigung und Dankbarkeit denen gleichen, die ich jetzt in meinem Herzen für euch fühle!«

Kurz, unzusammenhängend, aber aufrichtig und inspirierend – so war der Stil ihrer Ansprachen. Sie rezitierte fast immer eines oder mehrere ihrer Gedichte, und manchmal verfasste sie spontan ein neues für die jeweilige Gelegenheit. Sie schloss immer mit dem Mizpa-Segen: »Möge der Herr zwischen mir und euch wachen, wenn wir voneinander getrennt sind.«

Sie strahlte eine Aura der Wärme, ja der Heiligkeit aus – etwas, das über die Kürze und Schlichtheit ihrer Worte hinausging und Menschen aller sozialen Schichten dazu trieb, den ganzen Tag in erstickender Hitze oder klirrender Kälte anzustehen, um sie zu hören.

Sie konnte die Verzagten ermutigen, die Halbherzigen zu größerer Hingabe ermuntern und die Agnostiker zu der Entscheidung für Jesus erwecken.

Obwohl sie zu einem kleineren Publikum sprach als ihre Freunde, weil sie ihren Bekanntheitsgrad in Grenzen halten wollte, wurde sie in vieler Hinsicht zu einer der erfolgreichsten Erweckungspredigerinnen ihrer Zeit.

Auch wenn sie klein und zierlich war, hatte Fanny grenzenlose Energien und wurde niemals ernsthaft krank. Noch im hohen Alter ermüdete sie Leute, die zwanzig bis dreißig Jahre jünger waren als sie selbst. Aber auch sie brauchte zumindest einmal im Jahr einen Urlaub, deshalb nahm sie im Sommer 1877 am Zelttreffen der Methodistischen Episkopalkirche in Ocean Grove im Staat New Jersey teil. Es wurde von Pastoren aus New York, Philadelphia und Trenton gegründet, die einen Sommererholungsort suchten, der »frei von der Mode und der Narretei« der meisten Vergnügungsparks war.

Ihr Ziel war, zusätzlich zur Erholung Andachten anzubieten. Die Gläubigen konnten kommen um zu schwimmen, zu angeln und am Strand entlangzuwandern, aber auch um das Wort Gottes zu hören, das in drei oder mehr Gottesdiensten pro Tag verkündet wurde. Prediger aller Konfessionen sprachen in Ocean Grove. Die Urlauber mieteten Zelte, die oft so klein waren, dass man auf Händen und Knien hineinkriechen musste.

Fanny hatte niemals genug Geld, um in Ocean Grove ein Zelt zu mieten, aber 1877 nahm sie als »Ehrengast« von Freunden teil, wahrscheinlich der Knapps. Sie unternahm die zweistündige Bahnreise allein. Wie üblich schloss sie im Zug neue Freundschaften und ein freundlicher Reisender begleitete sie zum Zelt ihrer Freunde. Die Höhepunkte des Zelttreffens waren die abendlichen Brandungstreffen. Bei Sonnenuntergang zogen die Gläubigen zum Strand hinunter zu einem bewegenden Abendgottesdienst. Obwohl sie nur vage einige Schattierungen des Sonnenuntergangs erahnen konnte, war Fanny ebenso bewegt wie ihre sehenden Freunde.

Sie machte hier auch einige wichtige Bekanntschaften. Der Gesangsleiter war John Robson Sweney. Sweney war ein stämmiger Mann mit beginnender Glatze, schweren Augenlidern und einem Schnurrbart mit Spitzbart; er war als Dirigent und auch als Liederschreiber wohl bekannt. Er wurde 1837 geboren, hatte Vokalmusik studiert und im Bürgerkrieg eine Regimentskapelle angeführt. Danach gründete er Sweneys Kornettkapelle in Philadelphia und lehrte Musik an der Musikakademie von Pennsylvania.

Sweney war Presbyterianer und leitete den Gesang bei einer Reihe von evangelikalen Zelttreffen im ganzen Land. Er war spezialisiert auf leichte, federnde, übermütige Melodien und hatte beliebte Erweckungslieder komponiert und verschiedene Liederbücher veröffentlicht, die auch Gedichte von Fanny enthielten. Nun lernte er sie zum ersten Mal persönlich kennen und bat sie, die Texte zu weiteren seiner Melodien zu dichten.

Den gleichen Wunsch äußerte auch Sweneys Freund und Kollege William James Kirkpatrick. Kirkpatrick war ein fröhlicher und lebhafter Mann; er wurde 1838 in Pennsylvania geboren und war ausgebildet in Vokalmusik, auf der Orgel, in Harmonielehre, in der Theorie und der Komposition. Der »Professor«, wie er genannt wurde, war als Musiker weitaus besser ausgebildet als viele andere zeitgenössische Liederschreiber. In Philadelphia war er ein erfolgreicher Möbelhändler gewesen und hatte nur zum Vergnügen komponiert. Er hatte sich vor kurzem mit Sweney zusammengetan, um Gesangbücher für eine Firma in Philadelphia zu veröffentlichen.

Fanny mit ihrem ausgeprägten Sinn für Humor genoss die Gesellschaft von »Kirkie« sehr. Sie verfasste für Sweney und Kirkpatrick fast tausend Lieder für die von ihnen verlegten Bücher. Während dieser Zeit fing Fanny an, auch Sankey mit Gedichten für seine *Gospels* zu versorgen, die sich im nächsten Jahrzehnt auf sechs Bände erweitern sollten.

Ungefähr zu jener Zeit traf Fanny außerdem in New York noch einen Komponisten: einen 1,83 m großen hageren Mann mit einem Kneifer auf der Nase und einem kleinen Spitzbart. Der ruhige, höfliche und zurückhaltende George Coles Stebbins war so ganz anders als der gesellige Kirkpatrick.

Stebbins wurde 1846 auf einer Farm im Bezirk Orleans im Staat New York geboren; als Musiker war er weitgehend ein Autodidakt, aber er hatte bereits einen respektablen Ruf als Chorleiter erlangt, als Moody ihn 1876 in den evangelistischen Dienst berief. Stebbins folgte willig und wurde mit einem Prediger namens George Pentecost zusammengebracht.

In den nächsten beiden Jahrzehnten sollte Stebbins viele von Fannys Gedichten vertonen. Er leistete nicht immer gute Arbeit; sein Stil war manchmal monoton, linkisch und unmelodisch. Er schrieb jedoch auch einige sehr ansprechende Melodien für Erweckungslieder. Gemeinsam mit Fanny schrieb er »Jesus Is Calling« und »Saved by Grace«.

Mittlerweile hatte Fanny bereits die meisten ihrer berühmten Erweckungslieder geschrieben. In neun Jahren hatte sie »Sicher in Jesu Armen«, »Seligstes Wissen«, »Gehe nicht vorbei, o Heiland«, »Jesus, zieh zum Kreuze mich«, »Ich bin dein, o Herr«, »Jesus führt mich allerwegen«, »Close to Thee«, Preist ihn! Preist ihn! Jesum, den treuen Erlöser«, »O Gott, dir sei Ehre«, »Every Day and Hour« und »Suche vom Grabesrand Seelen zu retten!« geschrieben. Von zwei oder drei Ausnahmen abgesehen, sollte keines ihrer späteren Werke die Popularität dieser Lieder erreichen.

Wie kam das? War sie innerlich ausgebrannt?

Höchstwahrscheinlich war es so. Fanny Crosby hatte bereits alles gesagt, was sie zu sagen hatte. Fast alles, was sie von nun an verfasste, war nur die Interpretation von etwas früher Geschriebenem.

Aber auf keinen Fall war ihre Zeit als Liederdichterin vorbei. Sogar ihre Selbstinterpretationen wurden angemessen beachtet und standen oft über dem Niveau der Texte mancher ihrer Zeitgenossen. Sie war als Texterin zunehmend gefragt.

Der Umstand, dass ihre gegenwärtigen Lieder nicht so beliebt wurden wie manche früheren, machte Fanny keine Sorgen. Sie wusste, dass sie das Werk des Herrn tat und war sich gewiss, dass ihre Lieder für manche Leute eine Hilfe waren. Wenn dadurch auch nur ein einziger Mensch zu Jesus hingeführt würde, dann war sie zufrieden.

Was ihr jedoch zusetzte, war die Tatsache, dass einige Gedichte, die sie selbst zu ihren besten zählte, nicht vertont waren. Sie beklagte oft, dass ihre Musikerfreunde ihre besten Werke übersehen und ihre schlechtesten Texte vertonen würden. Leider sind nur wenige dieser ungenutzten Gedichte erhalten. Diese waren ganz offensichtlich zu kompliziert, um von den Musikern, mit denen sie üblicherweise zusammenarbeitete, angemessen bearbeitet zu werden. Die Texte waren nicht als »Musik für die breite Masse« geeignet.

Im Frühling 1879 wurde Fannys Brieffreundin Frances Havergal krank und starb mit nur zweiundvierzig Jahren in Wales. Fanny war jetzt fast sechzig und hatte ihre beiden Freunde – Philip Bliss und Frances – überlebt, die gemeinsam mit ihr den lyrischen Flügel der Gospelliederbewegung angeführt hatten. Ihr allzu früher Tod machte Fanny zur konkurrenzlosen »Königin der Gospelliederschreiber«, wie man sie jetzt nannte. Bis zu ihrem Tode sollte Fanny für evangelikale Protestanten die »Schutzpatronin« der Liederdichtung bleiben.

Sie unternahm regelmäßige Reisen nach Bridgeport, wo ihre Mutter und ihre Schwestern lebten. Mercy Morris, geistig klar und energisch im Alter von achtzig Jahren, lebte bei ihrer Tochter Carolyn. Fannys andere Schwester Julia lebte in der Nähe und arbeitete als Schneiderin, um ihren invaliden Ehemann Byron versorgen zu können.

Fanny war mit sechzig aktiver als die meisten Männer und Frauen mit vierzig. Sie hatte kürzlich mit der Arbeit in der Heimatmission begonnen; dies sollte neben der Liederdichtung zu einer zweiten Karriere für sie werden. Sie verbrachte jetzt mehrere Tage pro Woche in den Missionen von New Yorks Bowery-Bezirk.

»Rettet die Verlorenen!«

Das Elend der Tausenden, die in New Yorks Mietunterkünften wohnten, war schon seit langem eine Sorge vieler Christen gewesen. Seit Jahren hatten sich motivierte Einzelpersonen gemüht, um den armseligen Bewohnern im Sumpf der Armenviertel Manhattans zu helfen, jedoch mit wenig sichtbarem Erfolg.

Anfang der achtziger Jahre des vorigen Jahrhunderts wohnte Fanny in einer trostlosen Mietwohnung in der Frankfort Street auf der Lower East Side in der Nähe eines der schlimmsten Armenviertel Manhattans. Nur einige Häuserblocks weiter erstreckte sich die berüchtigte Bowery, einer von Amerikas deprimierendsten Orten, ein Schlupfwinkel für hoffnungslose Alkoholiker und die Hauptschlagader eines aufblühenden Industriezweiges, nämlich eines Rotlichtbezirks und Pornographiezentrums. Hier gab es Tavernen, Tanzsäle und zwielichtige Geschäfte, die unanständige Bilder und Literatur verkauften. »Konzerthallen« waren spezialisiert auf billige, entwürdigende Tingeltangelvorführungen. »Groschenmuseen« lockten die Neugierigen mit widerlichen Perversitäten. In einer Lokalität wurde Eintritt verlangt, um einen Mann namens Jack »die Ratte« zu sehen, der lebendigen Ratten die Köpfe abbiss. Leierkastenleute, Harfenisten und Tanzbären bevölkerten die Straßen. Heruntergekommene Prostituierte, »so verlebt, übermäßig geschminkt und scheußlich, dass ihre Anziehungskraft auf Männer unbegreiflich war«, stolzierten auf und ab. Ihren Weg säumten menschliche Wracks des Bürgerkrieges – Männer ohne Arme, Beine, Augen oder Nasen –, für die das Erbettelte der einzige Lebensunterhalt war.

Die Gegend war so schrecklich, dass sich Menschen aus besseren Vierteln der Stadt eine Kutsche mieteten und die Bowery mit einem Kriminalbeamten als Führer aus krankhafter Schaulust durchfuhren.

Christliche Helfer hatten sich schon seit langem in diesem Bezirk geplagt, jedoch fast ohne Ergebnis. Die Methodistenkirche in der nahen John Street ermutigte ihre Laienhelfer, unter den Elenden zu arbeiten, aber diese hatten mit vielen Schwierigkeiten zu kämpfen.

In den typischen Heimatmissionen um 1870 sorgte eine

Vollzeit-Arbeitsgruppe christlicher Helfer für die Verwahrlosten. Eine der ersten und wichtigsten war die Mission an der Water Street, die sich nahe dem East River und fast im Schatten der noch unvollendeten Brooklyn-Bridge befand. Sie war von dem bemerkenswerten Iren Jeremiah McAuley gegründet worden. Aus einem kaputten Elternhaus kommend hatte er nie die Möglichkeit einer Ausbildung gehabt und blieb praktisch bis zu seinem Tode ein Analphabet.

Im Alter von vierzehn Jahren wurde er nach New York zu Verwandten geschickt, bei denen er von nun an leben sollte. Dort wurde er schon bald Mitglied einer Straßenbande. Mit neunzehn wurde er unschuldig wegen Straßenräuberei verurteilt und saß fünf Jahre lang im Zuchthaus Sing Sing, bis er seine Unschuld beweisen konnte und seine Freiheit zurückerhielt. Während seiner Jahre im Zuchthaus wurde aus dem formalen Mitglied der römisch-katholischen Kirche ein glühender Anhänger des Methodismus dank der Bemühungen von Orville Gardner, einem Preisboxer, der sich in den Anfangstagen der Erweckung bekehrt und sein Leben der Arbeit unter Sträflingen geweiht hatte.

Nach seiner Entlassung hatte er keine Freunde, die ihn moralisch gestützt hätten, und so geschah es, dass Jerry McAuley wieder in sein früheres Leben als Faulenzer und Herumtreiber abrutschte. Nach mehreren Versuchen gelang es ihm endlich mit fast dreißig, sich zu bessern.

McAuley wurde ein treues Mitglied der Methodistenkirche an der John Street. Er war sehr besorgt um Männer, die in der gleichen Notlage wie einst er selbst waren, und gründete 1872 die Mission. Zehn Jahre später eröffnete er die Cremorne-McAuley-Mission an der Westlichen Zweiunddreißigsten Straße. In diesem dreistöckigen Gebäude mit Kapelle, Küche und Unterkünften wurden Leute ohne Wohnung und Arbeit mit Essen und Kleidung versorgt. Im Obergeschoss nahmen die Männer gemeinsam mit Jerry und seiner Frau Maria die Mahlzeiten ein.

Außer bei den Gottesdiensten, bei denen McAuley oder ein Gastprediger die Männer ermutigte, eine persönliche Beziehung mit Christus einzugehen, wurden die Gäste nicht mit Religion bedrängt oder gar dazu genötigt. Manche Missionsarbeiter zwangen die Männer zu dem Versprechen, Christen zu werden, bevor sie ihnen Essen oder Kleidung schenkten, aber nicht so die McAuleys.

Die Gefängnisverwaltung respektierte McAuleys Arbeit zunehmend. Wenn ein Mann seine Strafe in Sing Sing abgesessen hatte, riet man ihm üblicherweise: »Suchen Sie am besten McAuley in der Mission an der Water Street auf.«

Fanny hörte von McAuley und besuchte die Mission oft. Sie war von dem Gründer tief beeindruckt. »Als Redner benutzte er eine einfache Ausdrucksweise, aber er hatte eine so eindrucksvolle Art, dass alle Männer von ihm angezogen waren.«

Sie kam auch mit anderen Rettungsmissionen in Berührung. 1879 gründete Reverend Albert Rulifson die Bowery-Mission an der Bowery Street, und Anfang der achtziger Jahre des letzten Jahrhunderts wurde die Liederdichterin dort ein regelmäßiger Gast. Sie erschien auch oft an Mrs. E. M. Whittemores »Tür der Hoffnung«, einer Einrichtung für »gefallene Mädchen«.

Fanny war keine passive Beobachterin. Manchmal bat man sie um eine Ansprache. Sie erzählte von der Freude, im Licht zu gehen, und ermutigte die Männer, nach vorne zu kommen und ihr Leben Christus zu übergeben. Öfters saß sie im Publikum und mischte sich unter die Männer und Frauen. Ihre Gesprächsberatung war enorm erfolgreich.

Bei einer Gelegenheit in der Bowery-Mission hielt sie eine Ansprache und schloss: »Wenn hier ein Mann unter uns ist, der so weit gegangen ist, wie er nur kann, dann möchte ich ihm gerne die Hand schütteln.«

Tatsächlich erschien ein Mann. Als die Versammlung vorbei war, fragte Fanny ihn, ob er »herauskommen und ein christliches Leben führen möchte«.

»Ach, was für einen Unterschied macht das schon?«, fragte er. »Ich habe keine Freunde. Niemandem bedeute ich etwas.«

»Sie haben Unrecht«, antwortete Fanny, »denn dem Herrn Jesus bedeuten Sie etwas – und anderen auch! Wenn ich kein starkes Interesse am Wohlbefinden Ihrer Seele hätte, wäre ich jetzt sicherlich nicht hier und würde mit Ihnen reden.«

Sie nannte ihm mehrere Bibelstellen. Der Mann schien interessiert und versprach, am nächsten Abend wiederzukommen und die freiwillige Alkohol-Verzichtserklärung zu unterschreiben. Ob sie auch kommen würde?

»Ja«, sagte sie, »ich werde morgen wieder hier sein. Aber obwohl ich Sie bezüglich der Erklärung nicht entmutigen möchte, meine ich, dass die beste Absichtserklärung, die Sie abgeben können, die ist, sich Gott zu überlassen.«

Der Mann erschien am nächsten Abend und »noch vor Ende

der Versammlung sahen wir das neue Licht in seinen Augen und fühlten die Veränderung in seiner Stimme«.

Nachdem sie sechzig geworden war, sah Fanny die Arbeit als Heimatmissionsarbeiterin als ihre Hauptbeschäftigung an. Das Schreiben von Liedern war nur noch ein Teil ihrer Missionsarbeit.

Viele ihrer Erweckungslieder wurden speziell für den Gebrauch in den Missionen geschrieben; sie ermutigten den Singenden zu einer Entscheidung, beschrieben die Freude einer Beziehung zu Jesus oder gaben dem Niedergeschlagenen Hoffnung.

Ihre Arbeit war von Liebe geprägt. Sie arbeitete nie offiziell oder im Angestelltenverhältnis, sondern verschenkte ihre Zeit großzügig.

»Sagt mir nicht, dass ein Mensch ein Sünder ist«, beharrte sie gerne. »Man kann niemanden retten, indem man ihm von seinen Sünden erzählt. Er kennt sie doch selbst. Erzählt ihm, dass Vergebung und Liebe auf ihn warten. Gewinnt sein Vertrauen und gebt ihm zu verstehen, dass ihr an ihn glaubt und ihn niemals aufgebt!«

Dies waren ihre Richtlinien für die Missionsarbeit.

Freundlichkeit, so sagte sie, helfe nicht nur anderen dabei, zum Glauben zu finden, »sondern verhilft auch einem selbst dazu, Tag für Tag in der Tugend zu wachsen. Es gibt viele scheue Seelen, die wir früh und spät anrempeln, wenn wir an ihnen vorbeigehen. Wenn jedoch nur ein freundliches Wort gesagt würde, wären sie vielleicht ganz zu überzeugen.«

Fanny achtete bei ihrer Missionsarbeit sehr darauf, niemanden zu verletzen. Alle Männer, mit denen sie arbeitete, waren »meine Jungen«. Von den Eisenbahnleuten, mit denen sie durch den CVJM viele Jahre lang eng zusammenarbeitete, sagte sie: »Sie sind *alle* meine Jungen, und ich liebe sie alle!« Über die Männer in den Missionen in der Bowery und in der Water Street, von denen die meisten nach Alkohol und Tabak rochen und die nach Wochen ohne ein Bad von Ungeziefer umschwärmt waren, sagte sie: »Nicht einer von ihnen erschien mir jemals hässlich.«

Die Bowery-Mission, die von der Zeitschrift *Christian Herald* unterstützt wurde, war ihre Lieblingsmission und sie verbrachte dort mehr Zeit als in irgendeiner anderen Mission. Sie hielt Ansprachen bei sechzehn verschiedenen Gottesdiensten anlässlich des Gründungsjahrestages, und die durch den Dienst der Mission Bekehrten und Resozialisierten erschienen als Ehrengäste.

1880 wurde Fanny in das Haus ihres Freundes William Rock eingeladen, der Präsident der New Yorker Straßenbahn war. Rock war ein frommer Mann und um seine Angestellten besorgt. Diese Männer hatten ein schweres Los, sie arbeiteten sieben Tage die Woche. Sie bekamen nur selten freundliche Worte zu hören und erfuhren wenig Gemeinschaft, sondern wurden häufig von gereizten Passagieren beleidigt. Wegen dieser Arbeit und der Löhne waren die Straßenbahn-Angestellten eine rauhe und mürrische Gesellschaft. Rock jedoch hatte das Gefühl, dass für ihr geistliches Wohlbefinden Vorkehrungen getroffen werden sollten, und er zog Fanny zu Rate.

Ein Warteraum wurde für einen regelmäßigen einstündigen Sonntagmorgen-Gottesdienst für Schaffner und Fahrer eingerichtet. Rock bat Fanny, die Gottesdienste zu halten. In einem »schäbigen Zimmerchen, das man mit einem Stück rotem Teppich und ein paar Blumen und Topfpflanzen freundlich hergerichtet hatte«, begann sie die Mission mit ihren »Jungen von der Bahn«. Wie auch anderswo vermittelten ihre Predigten Liebe und Stärkung.

Ihre Arbeit unter den Straßenbahnschaffnern und Busfahrern machte in New York großen Eindruck. Im folgenden Jahr wandte sich eine Abordnung des neu gegründeten Eisenbahnerzweiges des CVJM, dessen Zentrale auf der anderen Seite des Hudson in Hoboken im Staat New Jersey lag, an sie. Man bat sie, regelmäßig Vorträge für diese Vereinigung zu halten. Solange sie körperlich rüstig genug war, unternahm sie von da an Vortragsreisen zu CVJM-Häusern entlang der Ostküste.

Fanny war außerdem eine aktive Abstinenzlerin. Sie war der Meinung, dass die halbe Schlacht um die Seelen der Verkommenen bereits gewonnen war, wenn ein Weg gefunden werden konnte, um sie vom Trinken abzuhalten. Sie hatte in den Mietunterkünften in Lower Manhattan erlebt, welch ein Fluch Bier, Wein und Whisky waren. Sie hatte die Wirkung des Alkohols in ihrer Arbeit mit den Bahnleuten und den Straßenbahnschaffnern beobachtet. Sie wusste, dass er zu katastrophalen Eheproblemen und zerstörten Familien führen konnte. Fanny war eine überzeugte Gegnerin von Alkoholkonsum. Vielleicht konnten ihn einige Menschen in Maßen genießen, aber ihrer Meinung nach waren die wenigsten dazu in der Lage und es war daher weitaus besser, vollständige Abstinenz zu propagieren.

Ihre Lösung des Problems war das Abstinenzversprechen. Wenn man keinen Alkohol konsumierte, lief man nicht in Gefahr, zu seinem Sklaven zu werden. Sie identifizierte Abstinenz niemals mit christlichem Glauben oder stellte das Unterschreiben der Verzichterklärung mit einer religiösen Verpflichtung gleich. Sie glaubte jedoch, dass vollständige Alkoholabstinenz ein Ziel war, nach dem jeder intelligente Christ streben sollte.

Moody war der gleichen Meinung, und die meisten religiösen Führer dieser Zeit schlossen sich ihm an. Unter denen, die in den Missionen arbeiteten und die Auswirkungen des Alkohols in ihrer Gesamtheit gesehen hatten, war diese Meinung besonders ausgeprägt. Jerry McAuley und sein Partner Sam Hadley waren beide früher Alkoholiker gewesen und waren nun absolut gegen alle flüssigen Rauschmittel.

Biglow und Main veröffentlichten in diesen Jahren viele Lieder einschließlich eines Liederbuches namens *Die Flutwelle* mit Liedern von Fanny, Annie Hawks, Josephine Pollard, Robert Lowry und anderen, die die Abstinenz zum Thema hatten.

Die Arbeit mit Alkoholikern und alle ihre anderen Aktivitäten waren untrennbar mit dem Dichten von Liedern verbunden, durch welche Fanny ihren Glauben und ihre Vorstellungen in die Herzen von Tausenden sang.

Das Tal der Stille

Fanny schrieb die meisten ihrer Lieder nach Mitternacht; nur dann umgab sie die absolute Stille, die sie zur Konzentration benötigte. Das dauernde Scharren von Füßen auf Holzfußböden, das heftige Geplapper in mehreren Sprachen, das durch die dünnen Wände drang, und die Rufe und Flüche betrunkener und streitender Mieter machten jegliche geistige Arbeit unmöglich. Da Fanny noch nie viel Schlaf gebraucht hatte, machte ihr die späte Stunde nichts aus. All ihre Tage und Abende verbrachte sie im Verlag von Biglow und Main, mit Wohlfahrtsarbeit oder – in zunehmendem Maße – mit öffentlichen Auftritten.

Ihre Liederdichtung war untrennbar verbunden mit ihrem Mystizismus. Wenn die Geräusche des Mietshauses verebbt waren und sie allein war, versenkte sich Fanny ins Gebet und erreichte ein meditatives Stadium, das sie oft als »Tal der Stille« bezeichnete.

Diese Meditationen regten sie häufig zu ihren Liedern an. Am Ende ihres Lebens schrieb sie ein Gedicht:

In the hush of the Valley of Silence,
I dream all the songs that I sing,
And the music floats down the dim valley
'Till each finds a word for a wing,
That, to men, like the dove of the Deluge,
The message of peace they may bring.

Im Schweigen des Tales der Stille
träume ich all die Lieder, die ich singe,
und die Musik fließt durch das dämmrige Tal
bis jedes Lied ein Wort als Flügel findet,
das, wie die Taube nach der Sintflut,
den Menschen die Botschaft des Friedens bringen
möge.

Manchmal war ihre Seele dermaßen stark mit Inspiration durchflutet, dass sie »weder Worte, die schön genug waren«, finden konnte »noch Gedanken, die tief genug waren, um sich auszudrücken«.

Während viele ihrer Lieder im »Tal der Stille« inspiriert

worden waren, wurde sie zu anderen direkt durch Ereignisse in der realen Welt angeregt. Ihr wurde oft von einem ihrer Musikerfreunde ein Thema für ein Erweckungslied vorgegeben. Sie behielt das Thema im Sinn, während sie tage-, wochen- oder auch monatelang wie gewohnt ihren Geschäften nachging, bis irgendetwas geschah, das ihr den Anstoß gab, darüber zu schreiben. Der Tod eines Freundes war möglicherweise der Anlass zu einem Erweckungslied wie »The Morning Land«. Etwas, das in einer Mission geschehen war, könnte sie auf das Thema von »The Blessed Feast« gebracht haben.

An einem Tag des Jahres 1874 wusste Fanny nicht, wie sie die Miete bezahlen sollte, und beschloss dafür zu beten. Da erschien ein Mann, den sie noch nie zuvor gesehen hatte. Er ging gleich wieder, nachdem er ihr einen Zehn-Dollar-Schein in die Hand gedrückt hatte – genau die Höhe der Miete. Dieser Vorfall inspirierte sie zu einem Erweckungslied nach einem Thema, das Lowry ihr vorgegeben hatte: »Jesus führt mich allerwegen«. In jener Nacht flossen die Worte:

Jesus führt mich allerwegen,
Seele, was verlangst du mehr?
Wirst an seiner Gnad du zweifeln?
Oh, der treueste Hirt ist er.
Süße Ruh hat meine Seele,
folgt sie Jesus glaubensvoll.
Auch im schwersten Leiden weiß ich:
Jesus machet alles wohl.

Jesus führt mich allerwegen,
oh, der Reichtum seiner Gnade.
Oh, die Ruh, die bei dem Vater
er auch mir bereitet hat.
Schweb ich einst durch ew'ge Fluren,
mit des Siegers Schuck geziert,
will ich das auf immer rühmen:
Jesus hat mich treu geführt.

Sie benötigte nicht unbedingt vorab ein Thema. Eine zufällige Bemerkung oder ein Ereignis konnten ihr als Eingebung dienen. Ein Gespräch mit den Doanes in der Dämmerung während eines Besuches in Cincinnati gab ihr »Ich bin dein, o Herr, ich venahm dein Wort« ein.

Sankey erzählte ihr einst von einem Minenarbeiter, der während einer der Evangelisationen in England nach vorne gekommen war und darum gebeten hatte, dass man für ihn beten möge. Vielleicht wegen der späten Stunde schlug der Leiter des nachgottesdienstlichen Gebetstreffens vor, dass der Minenarbeiter am nächsten Abend wiederkommen solle. Der jedoch rief mit herzzerreißender Stimme: »Nein! Es muss heute Abend geklärt werden! Morgen könnte es zu spät sein!« Der Leiter gab nach und der Minenarbeiter verließ die Versammlung als »Geretteter«. Am nächsten Tag kam er in einer Explosion um.

Fanny war davon so berührt, dass sie ein Erweckungslied verfasste mit dem Titel »Shall I Be Saved To-Night?«

Bei anderer Gelegenheit war Fanny zu Gast bei William und Sara Kirkpatrick in Germantown im Staat Pennsylvania. Mit anderen anwesenden Gästen diskutierten sie die Vergänglichkeit des irdischen Lebens.

»Wie bald wir doch der irdischen Vergnügungen überdrüssig sind, egal, wie glänzend sie sein mögen«, sagte Fanny nachdenklich.

»Nun«, sagte der »Professor«, »wir ... wir werden des großartigen alten Liedes niemals überdrüssig!«

Fanny griff den Rhythmus der Worte sofort auf, denn er schien ideal für ein Erweckungslied zu sein. Sie verblüffte alle Anwesenden mit ihrem Ausruf: »Aber was kommt danach?«

Ihr Gastgeber war leicht verwirrt und hielt inne.

»Natürlich ›Ehre sei Gott, Halleluja!‹«, fuhr Fanny fort. Sie bestand darauf, dass Kirkie sich an das Klavier setzte und eine passende Melodie zu den Worten komponierte, die sie ohne weiteres Überlegen diktierte:

We are never, never weary of the grand old song,
Glory to God, hallelujah!
We can sing it in the Spirit as we march along,
Glory to God, hallelujah!

Wir werden des großartigen
alten Liedes niemals überdrüssig,
Ehre sei Gott, Halleluja!
Wir können es im Geiste singen,
während wir weitermarschieren,
Ehre sei Gott, Halleluja!

Zu einem späteren Zeitpunkt in ihrem Leben hatte die Dichterin eine Vision, in der Mercy zu ihr von einem Ort »jenseits des Flusses« sprach. In jener Nacht wurde Fanny zu den folgenden Zeilen inspiriert:

Over the river they call me,
Friends that are dear to my heart,
Soon I shall meet them in glory,
Never, no never to part.

Über den Fluss hinweg rufen sie nach mir,
Freunde, die meinem Herzen nahe stehen,
bald werde ich sie in Herrlichkeit wieder sehen,
um mich niemals mehr wieder zu trennen.

1874 rief sie in einem Anfall tiefer Depression aus: »Lieber Herr, halte meine Hand!« Sie schrieb: »Fast sofort kehrte der tiefe Friede, der aus absoluter Gewissheit entspringt, in mein Herz zurück, und meine Dankbarkeit für diese offensichtliche Gebetserhörung spiegelt sich in den Zeilen des Erweckungsliedes«:

Hold Thou my hand, so weak am I and helpless
I dare not take one step without Thy aid;
Hold Thou my hand, for then, oh, loving Saviour,
No dread of ill shall make my soul afraid.

Halte du meine Hand, ich bin so schwach und hilflos,
ich wage keinen Schritt ohne deine Führung zu gehen,
halte du meine Hand, denn dann, oh liebender Heiland,
wird keine Furcht vor Bösem meine Seele schrecken.

Manchmal, wie zum Beispiel bei »Seligstes Wissen«, »Sicher in Jesu Armen« und anderen Liedern spielte ein Komponist eine Melodie und bat Fanny, dazu Worte zu dichten. Sie hörte dann zu, und wenn die Melodie ihr »etwas sagte«, konnte sie ein Erweckungslied schreiben. Es war jedoch sehr wichtig, was die Melodie »sagte«. Nachdem sie sie ein- oder zweimal gehört hatte, beschied sie den Komponisten vielleicht: »Nein, ich kann keinen Text dazu schreiben. Die Melodie *sagt* nichts.«

Biglow und Main verlangten von ihr, dass sie über viele Themen schrieb, die sie ganz und gar nicht inspirierten. Man erwartete von ihr eine Liederquote, auch wenn ihr nicht nach Dichten zumute war. Sie bekannte, dass »es Tage gibt oder wenigstens Stunden, in denen ich kein Lied dichten könnte, selbst wenn man mir als Lohn die ganze Welt zu Füßen legen würde.«

»Dichte mir ein Neujahrslied«, konnte Doane vielleicht am 30. Dezember verlangen. »Fan, ich möchte, dass du zwanzig Auswahllieder für meine Ostersammlung dichtest«, sagte Hugh Main möglicherweise, »und ich möchte sie in zwei Wochen haben.« »Ich hätte gerne drei Eingangslieder für meine Gottesdienste«, bat Jerry McAuley vielleicht. Da Fanny sich nur selten weigerte, war sie gezwungen, »eine Stimmung aufzubauen – oder zu versuchen, eine um mich herum zu entwerfen«.

Das Dichten von Liedern war schwierig, wenn sie keine Inspiration hatte. Sie »betete dann zu Gott, dass er mir die Gedanken und Gefühle eingeben möge, mit denen ich mein Lied schreiben könnte«. Dann, »nach einiger Zeit – vielleicht nicht ohne inneren Kampf – kommen ... die Ideen«. In der Tat schrieb sie die meisten ihrer Lieder ohne Inspiration, sie musste sich dabei zum Dichten zwingen.

Wenn sie versuchte, ein Lied ohne Inspiration zu dichten, betete sie, und wenn sie sich »sicher war, dass ich in der Verfassung war, die Sinne und Herzen meines Publikums zu erreichen und ihnen etwas vorzusingen, was des Hörens wert war«, begann sie mit dem Versmaß und der Melodie zu arbeiten. Oft benutzte sie eine beliebte Weise wie »Sweet Hour of Prayer« »Stand Up for Jesus« als Grundmodell für ihre Verse.

Das Erweckungslied musste optimal zum Mitsingen geeignet sein. Es war entscheidend, wie sie das Maß anlegte und die Akzente setzte. »Denn wenn es einen falschen Akzent oder einen Fehler im Maß gibt, hat das Lied nur wenig Aussicht, ein Erfolg zu werden; zumindest sind seine Möglichkeiten dadurch stark begrenzt.

Von den Millionen Liedern, die gesungen und wieder vergessen wurden, drückten zweifellos viele tiefe und fromme Gedanken und Gefühle aus, aber sie wurden durch die Unebenheit einer Zeile oder durch unregelmäßiges Versmaß beschädigt oder zerstört.«

Wenn die Melodie nicht bereits existierte oder sie keine vorhandene im Sinn hatte, auf der sie das Gedicht aufbauen konnte, bemühte sie sich, ihre Verse »so zu konstruieren, dass der Komponist der Melodie sogleich den Geist des Liedes erfassen kann und Klänge komponiert, die den von der Dichterin ausgedrückten Sinn vervollkommnen«. Dies war ein Problem, denn wie wir wissen, waren viele der Männer, die ihre Gedichte vertonten, Amateure. Diese Schwierigkeit ergab sich nicht, wenn bereits eine Melodie vorlag, denn Fanny war eine meisterhafte Verseschmiedin und konnte problemlos Verse zu bestimmten Weisen dichten.

Sie zog eine Melodie einem Thema vor. Wenn die Melodie gut war, konnte sie ein gutes Gedicht verfassen; wenn sie schlecht war, konnte sie sie ablehnen. Wenn sie jedoch ein gutes Gedicht zu einem vorgegebenen Thema schrieb, konnte sie niemals sicher sein, dass es auch gut vertont werden würde.

Wenn ein Gedicht aus göttlicher Eingebung kam, fiel es Fanny als Ganzes und recht schnell ein. Ansonsten dauerte es länger. Sie erdachte ihre Lieder oft in Strophen und in vielen Fällen sogar Zeile um Zeile. Wenn sie keine Eingebung hatte, musste sie an einem zufrieden stellenden Gedicht häufig stundenlang arbeiten. Bei »The Bright Forever« kämpfte sie zwei Tage lang, ohne dass ihr eine einzige Zeile einfiel. Plötzlich »fiel mir fast im Handumdrehen der Text Strophe für Strophe ein – so schnell, dass ich ihn mir kaum merken konnte«.

Üblicherweise schrieb sie den ersten Entwurf in einer einzigen Nacht, oft in nur zwei oder drei Stunden. Wenn die Zeit es erlaubte, ließ sie ihn »sozusagen einige Tage lang im Schreibtisch meiner Gedanken liegen, bis ich die Muße hatte, ihn umzuschreiben, ihn mit den Augen meiner Erinnerung zu lesen und ihn, in anderen Worten, in die vorzeigbarste Form zu gießen«.

Sie hatte jedoch nicht immer Zeit zum Überarbeiten und Zusammenstreichen, denn sie spürte den Druck der Verleger, eine Vielzahl von Gedichten in kurzer Zeit zu liefern. Ihre Angewohnheit, zu jedem Thema und jeder Melodie gleich zwei oder drei Gedichte zu verfassen, verstärkte diesen Druck noch. Daher wurde die überwiegende Mehrzahl von Fannys neuntausend Erweckungsliedern in großer Hast geschrieben und war, wie es der Kirchenliederforscher John Julian formulierte, »schwach und minderwertig«. Bei jenen seltenen Gelegenheiten jedoch, bei denen Fanny inspiriert war und sich Zeit nehmen konnte, waren die Erweckungslieder oft von hervorragender Qualität.

Während dieser Jahre des Dichtens in großen Mengen diktierte Fanny die Zeilen einer Sekretärin. Hugh Main beschrieb Fannys höchst ungewöhnliche Arbeitsmethoden: »Sie hat ihre Lieder im Kopf fertig und diktiert zwei Personen gleichzeitig, oder zwei Zeilen *eines* Gedichts einer Person und zur gleichen Zeit zwei Zeilen eines *anderen* Gedichts einer anderen Person, und sie verliert dabei nie den Faden.«

Die Leute bewunderten ihr außergewöhnliches Gedächtnis. Sie waren verblüfft über ihre Fähigkeit, eine scheinbar unendliche Anzahl von Erweckungsliedern in Erinnerung zu behalten und sie ohne sichtbare Schwierigkeiten eines nach dem anderen zu diktieren. Wann immer man jedoch aus diesem »Talent« eine große Sache machte, hielt Fanny dagegen, dass sie einfach ein Geschenk – das Erinnerungsvermögen – nutzte, das Gott jedem gegeben hatte und welches die meisten sehenden Leute durch Trägheit verloren. Sie kritisierte »Aktennotiztafeln und sorgfältig aufgehobene Journale und Hauptbücher« als schädlich für »die Bücher des Geistes«.

Für jedes Erweckungslied erhielt Fanny von Biglow und Main und den meisten anderen Verlegern einen oder zwei Dollar als Bezahlung. Egal, wie erfolgreich das Lied werden mochte, sie erhielt nichts darüber hinaus. Die Gedichte wurden damit das Eigentum des Komponisten und niemand sonst durfte sie vertonen.

In den meisten Fällen verdiente auch der Komponist vergleichsweise wenig an dem Lied. Der Verlag kassierte den meisten Profit. Im Laufe der Jahre glaubten viele Leute, dass Fanny ausgenutzt wurde, und man drängte sie, auf einer besseren Bezahlung ihrer Leistungen zu bestehen. Sie selbst war der Meinung, dass sie ihren Freunden mit dem Dichten von Erweckungsliedern einen Gefallen tat. Noch wichtiger war, dass sie Gottes Werk tat. Ihr Lohn war die Zahl der Seelen, die durch ihre Erweckungslieder zu Gott geführt wurden.

Eine Million Menschen für Christus gewinnen

Hätte es in den letzten beiden Jahrzehnten des vorigen Jahrhunderts eine »Hitparade« der populärsten Lieder gegeben, wären sicherlich mehrere von Fannys Erweckungsliedern unter den zehn Spitzentiteln gewesen. Seit fast einem Jahrzehnt war »Sicher in Jesu Armen« ein weltweiter Hit, und innerhalb der nächsten zwanzig Jahre sollte es in über zweihundert Sprachen übersetzt und in der ganzen Welt gesungen werden. »Seligstes Wissen« war ebenfalls außerordentlich populär geworden. Ira Sankey sagte, dass es »eines der beliebtesten und brauchbarsten« aller Erweckungslieder sei, die er und Moody in ihren Evangelisationen verwendeten.

Der Nummer-Eins-Hit ihrer Versammlungen war »Gehe nicht vorbei, o Heiland«, von dem Sankey schrieb: »Kein anderes Erweckungslied in unserer Sammlung war während unserer Versammlungen in London 1874 beliebter als dieses. Es wurde täglich im Theater Ihrer Majestät in Pall Mall gesungen.« Es wurde ebenfalls in mehrere Sprachen übersetzt. Nach der Rückkehr der Evangelisten in die Vereinigten Staaten blieb »Gehe nicht vorbei« auch weiterhin das beliebteste Erweckungslied aller Evangelisations-Kampagnen. Der prominente New Yorker Baptistengeistliche Dr. E. I. Dakin bewertete es als das Lied, das mehr Menschen zu Christus gebracht habe als irgendein anderes Erweckungslied.

»Suche vom Grabesrand Seelen zu retten«, »Jesus zieh zum Kreuze mich«, »Ich bin dein, o Herr« und »Jesus führt mich allerwegen« waren ebenfalls außerordentlich erfolgreich.

Die Erweckungslieder waren sowohl in kirchlich orientierten als auch in weltlichen Kreisen ebenso populär wie die Schlager »Silver Threads Among the Gold«, »When You and I Were Young, Maggie« und »In the Good Old Summer-Time«. Durch den weltweiten Anklang ihrer Erweckunglieder wurde Fanny in ihrem sechsten Lebensjahrzehnt bewusst, dass es ihr Ehrgeiz war, eine Million Menschen für Christus zu gewinnen. Es gab haufenweise Berichte, nach denen Leute durch ihre einfachen, aber aufrichtigen Texte berührt waren bis zu dem Punkt, dass sie offen für eine Bekehrung waren.

Fanny wartete ungeduldig auf Neuigkeiten über Bekehrungen, die durch ihre Erweckungslieder inspiriert wurden – nicht aus Eigenliebe, sondern weil es ihrer Meinung nach Beweise für das Wirken Gottes waren. »Gott hat mir eine wundervolle Aufgabe gegeben«, sagte sie, »eine Arbeit, die mir unermesslichen Segen und große Freude geschenkt hat. Wenn ich, wie es von Zeit zu Zeit geschieht, erzählt bekomme, dass irgendeine wandernde Seele durch eines meiner Erweckungslieder heimgebracht worden ist, erbebt mein Herz vor Freude und ich danke Gott, dass er mich an der glanzvollen Aufgabe des Rettens menschlicher Seelen teilhaben lässt.«

Fannys Erweckungslieder halfen nicht nur mit, die Gleichgültigen und die Ungläubigen zu bekehren, sondern waren auch eine Erquickung für die Gläubigen. »Durch dich werden Zehntausende aufgemuntert, die sich mühsam die Landstraßen des Lebens entlang schleppen«, sagte Sankey einmal zu ihr.

Eines Tages kam eine Frau nach dem Gottesdienst zu Fanny und weinte: »Oh, Gott sei Dank, ich habe Sie gefunden. Ich habe darum gebetet, Sie sehen zu dürfen, bevor ich sterbe. ›Sicher in Jesu Armen‹ war das Letzte, das meine Mutter sagte, bevor sie heimging.«

Sankey brachte 1885 einen ähnlichen Bericht aus Schottland mit. Das Lied »Sicher in Jesu Armen« hatte zu Bekehrungen geführt und viele in Krisen getröstet.

»Seligstes Wissen« hatte ebenfalls eine große Wirkung. Man sagte, dass durch einen Jugendlichen, der wegen einer unheilbaren Krankheit im Krankenhaus war und »Seligstes Wissen« sang, sich vierzehn andere Patienten bekehrten. Als später seine eigene Todesstunde gekommen war, sang er voller Inbrunst »Sicher in Jesu Armen«. Gerade als seine Seele dahinging, rief er aus: »Mama, ich höre die Stimmen von Engeln! Mama, dort sind die Felder der himmlischen Herrlichkeit! Mama, da ist das Jaspismeer!«

»Suche vom Grabesrand Seelen zu retten!« führte zu vielen Bekehrungen, obwohl es an Christen gerichtet war, um sie zum Gewinnen unbekehrter Seelen aufzurütteln. Eines Tages kam ein Alkoholiker, der ziellos durch die Bowery wanderte, an der Water Street-Mission vorbei und hörte, wie Gottesdienstbesucher dieses Erweckungslied sangen. Von der eingängigen und kraftvollen Melodie angezogen ging er hinein, um sie besser hören zu können. Als das Lied beendet war, »brach er reuevoll zusammen«.

Ein Engländer schrieb Sankey, dass er »meine Bekehrung durch die Gnade Gottes einem Vers dieses kostbaren Erweckungsliedes ›Suche vom Grabesrand Seelen zu retten!‹« zuschrieb. Er erzählte in seinem Brief, dass er »sehr weit von meinem Heiland entfernt und ohne Hoffnung in Jesus lebte. Dennoch sang ich sehr gerne, und eines Tages lernte ich dieses wunderschöne Musikstück kennen.« Er bezog sich im Besonderen auf diesen Abschnitt:

Weckst du mit Liebesmacht dieses Verlangen,
findet es endlich zur Gnade die Bahn.
Der in die Todesnacht für uns gegangen,
Jesus, hat alles für alle getan!

Eines Abends torkelte ein zerlumpter und betrunkener Mann in die Bowery-Mission. »Suche vom Grabesrand Seelen zu retten!« wurde gerade gesungen und machte auf den armen Kerl einen starken Eindruck. Während der Predigt bezog sich der Redner auf seine Erfahrungen im Bürgerkrieg und erwähnte den Namen der Einheit, bei der er gedient hatte.

Nach dem Gottesdienst taumelte der Betrunkene zu dem Sprecher hin und stammelte: »Erinnern Sie sich an den Namen Ihres Kompanieführers zu jener Zeit?« Der Sprecher nannte den Namen. »Sie haben Recht«, sagte der Säufer erregt. »Dieser Mann, der bin ich! *Ich* war Ihr Hauptmann! Schauen Sie mich nur an! Sehen Sie, welch ein Wrack ich heute bin! Ich habe durch das Trinken alles verloren, was ich in dieser Welt besaß, und ich weiß nicht, wohin. Können Sie Ihren alten Hauptmann retten?«

Der betrunkene Veteran bekehrte sich an jenem Abend und wurde danach zu einem eifrigen Missionsarbeiter. Er hielt viele Vorträge, in denen er von seiner Bekehrung erzählte und die Veränderung in seinem Herzen dem Lied »Suche vom Grabesrand Seelen zu retten!« zuschrieb.

Von »Gehe nicht vorbei« wurde ebenfalls behauptet, dass es zu vielen Bekehrungen geführt habe. Sankey schrieb über den prominenten Engländer, der »unseren Versammlungen höchst ablehnend gegenüberstand, und diese Ablehnung wurde durch die Bekehrung seiner Frau keineswegs gemildert«. Aber der Mann willigte in den Wunsch seiner Frau ein, sie zu der letzten Versammlung zu begleiten. Er war von den Worten von »Gehe nicht vorbei« so sehr bewegt, dass er »die Berührung durch den Geist Gottes verspürte«.

Viele waren auch angerührt von Fannys weniger bekannten Werken. Anfang der siebziger Jahre des vorigen Jahrhunderts befand sie sich mit Howard Doane in einem Straßenbahnwagen, als sie plötzlich eine Eingebung hatte. Auf der Stelle schrieb sie ein Erweckungslied, das so begann:

Jesus, I love Thee, Thou art to me
Dearer than ever mortal can be;
Jesus, I love Thee, Saviour Divine,
Earth has no friendship constant as Thine;
Thou wilt forgive me when I am wrong,
Thou art my comfort, Thou art my song!
Jesus, I love Thee, yes, Thou art mine.
Living or dying, still I am Thine!

Jesus, ich liebe dich, du bist mir
lieber, als es ein Sterblicher je sein könnte;
Jesus, ich liebe dich, göttlicher Heiland,
auf Erden gibt es keine Freundschaft, die so beständig
ist wie deine;
du vergibst mir, wenn ich einen Fehler begehe,
du bist mein Trost, du bist mein Lied!
Jesus, ich liebe dich, ja, du bist mein.
Im Leben und im Sterben bin ich immer dein!

Doane war bewegt und vertonte die Worte noch am gleichen Abend. Es wurde 1873 veröffentlicht und wurde einigermaßen populär. Moody und Sankey verwendeten es während ihrer britischen Evangelisationen. Ein britischer Methodistenpastor verwendete es einige Jahre später als Eingangslied für einen Abendgottesdienst. Nach dem Singen übergab eine Besucherin ihr Leben dem Herrn. Sie wurde eine der eifrigsten Mitglieder, die diese Gemeinde je gehabt hatte. Sie hatte das Gefühl, dass die Worte von Fannys Erweckungslied ihre Seele erleuchtet hatten und sie wollte, dass auch andere die Freude, die sie in Jesus Christus verspürte, kennen lernen und daran teilhaben sollten. Sie war eine solch energiegeladene und wirkungsvolle Zeugin, dass sie bis zu ihrem Tod im folgenden Jahr vierundzwanzig Personen zu einer persönlichen Bindung an Christus und zum Eintritt in die Kirche geführt hatte. Auf ihrem Totenbett bat sie ihren Pastor, Fanny Crosby für das Dichten dieses Erweckungsliedes zu danken.

Ein anderes weniger bekanntes Lied gab den Anstoß für eine Bekehrung in den Südstaaten. Ein Landjunker stand Glaubensdingen zwar gleichgültig gegenüber, aber er hörte sehr gerne Erweckungslieder.

Eines Abends war er in der Stadt und beschloss, in der Kirche vorbeizuschauen, wo ein Gebetstreffen im Gange war. Er hörte nur ein Lied: »Only a Step to Jesus«. Es ging ihm so nahe, dass er es nicht aus seinen Gedanken verbannen konnte. In jener Nacht träumte er davon und am nächsten Tag fing er an, über die Bedeutung der Worte nachzudenken und sein Leben zu überprüfen. Bald war er ein engagierter Glaubender. Er besuchte die Kirche und erzählte von seiner Erfahrung. Viele der Gläubigen, die von diesem Mann niemals das geringste Interesse an Religion erwartet hatten, brachen offen in Tränen aus.

Um 1900 herum war eine anglikanische Kirchengemeinde in Pittsburgh schockiert darüber, dass eine Frau nach vorne kam, um »Zeugnis abzulegen« – ein unerhörter Vorfall in einer anglikanischen Messe. Vor dem verblüfften Geistlichen und Gemeindegliedern stehend erzählte sie von ihrem Leben als leichtes Mädchen, bis sie zufällig während einer Versammlung unter freiem Himmel »Saved by Grace« gehört habe. Es erinnerte sie an ihre Kindheit und daran, wie ihre Mutter immer für sie gebetet hatte. Die Frau fiel am Straßenrand auf die Knie und bat Gott um Vergebung. »Auf der Stelle wurde sie mir geschenkt, und als ich den Ort verließ, fühlte ich einen Frieden, der mich bis heute nicht verlassen hat.«

Der Pfarrer kam vom Hochaltar herab und wünschte ihr mit Tränen in den Augen alles Gute.

Was war dran an diesen einfach vertonten, schlichten Erweckungsliedern, dass so viele Menschen dermaßen tief von ihnen berührt waren? Fanny schrieb es dem Heiligen Geist zu. Immer wenn sie ein Erweckungslied dichtete, betete sie darum, dass Gott es verwenden möge, um viele Seelen zu Ihm hinzuführen. Sie bat, dass durch ihre Erweckungslieder eine Million Menschen errettet werden würden.

Obwohl die Erweckungslieder keine erstklassige Literatur darstellten, konnten sie doch eine große emotionale Wirkung erzielen. Sie waren zwar direkt und meist einfach genug, um selbst von einem Kind verstanden zu werden, aber nicht so platt wie die meisten Kirchenlieder jener Zeit. Fanny belebte sie durch die Verwendung gängiger Formulierungen. Das Benutzen von Ausdrücken wie »Waldeslichtung« und »Frühlingsblüten«

führt zu armseliger Poesie, aber zu sehr erfolgreicher Liedichtung. Fanny sah das Schreiben von Liedern nicht als »reine« Poesie, sondern mehr als etwas Zweckmäßiges, um die Anbetung zu fördern.

Deshalb füllte sie ihre Lieder mit vertrauten Ausdrücken: »Fels des Heils«, »durch Gnade errettet«, »goldenes Gestade«, »blutende Seite«. Die meisten ihrer Erweckungslieder spielen auf die Heilige Schrift an: »Brot des Lebens« (Joh 6,35), »Wasser aus dem Felsen kommend« (4Mose, 20,11), »meines Vaters Haus« (Joh 14,2), »die Engel als Schnitter«, die die Ernte einholen (Mt 13,39), die »Perlentore« (Offb 21, 21) und so fort.

Fanny definierte ein Erweckungslied als »ein an Gott gerichtetes Lied des Herzens«, und ihre Lieder waren den Herzen derer nah, die sie sangen. Sie bezog sie auf die persönliche Erfahrung des Gläubigen: »Jetzt gibt es Vergebung für *dich.*« »Gehe nicht an *mir* vorbei.« »*Ich* komme zu dir, *ich* komme zu dir.« Fanny schrieb die meisten ihrer Lieder in der Ichform, damit die Singenden sich noch persönlicher dadurch angesprochen fühlen sollten.

Eines der auffallendsten Merkmale ihrer Lieder ist die Vertraulichkeit, mit der sie den Heiland anspricht. Sie benutzte die »vertraulichen und zärtlichen Bezeichnungen«, die Lowell Mason so ablehnte; sogar heutzutage finden manche diesen Aspekt ihrer Liederdichtkunst schwer akzeptabel. Einer ihrer Gründe für diese nachdrückliche Hinwendung war ihr Glaube an eine starke und intensive persönliche Beziehung zu Gott. Man muss zudem bedenken, dass sie in einem gefühlsbetonten Zeitalter lebte, in dem man offener zu seinen Emotionen stand als heute. Tränen liefen Sankeys Wangen hinab, wenn er sang. Männer weinten hemmungslos in der Öffentlichkeit.

Körperliche Berührungen waren Fanny sehr wichtig; sicher auch teilweise deshalb, weil sie blind war. Sie küsste und umarmte ständig alle Menschen und begrüßte jeden mit: »Gott segne dein liebes Herz! Ich bin so froh, dich zu sehen!« Die Säufer aus der Bowery und die Eisenbahner waren »meine Jungen«, Carrie und Jule ihre »kostbaren, geliebten Schwestern«, Kirkpatrick »Kirkie«, ihr Freund Adelbert der »liebe Diakon«.

Da Fanny Verwandte und Freunde auf sehr gefühlvolle Weise anredete, war es für sie nur natürlich, sich in gleichem Stil an den Heiland zu wenden. Immerhin liebte sie ihn mehr als irgendjemanden sonst.

Zusätzlich zum Gefühl setzte Fanny den Kunstgriff der

Wiederholung ein. Sie neigte dazu, einen Schlüsselsatz, ein Schlüsselwort oder eine Redewendung innerhalb eines Liedes mehrfach zu wiederholen – die gleiche Technik, die moderne Werbetexter verwenden, um einen unterschwelligen Eindruck zu hinterlassen. In »Sicher in Jesu Armen« zum Beispiel wird das Wort »sicher« fünfmal in drei Strophen und zweimal im Refrain wiederholt. Die Singenden sind sich nicht bewusst, dass das Wort unerbittlich in ihre Köpfe eingepflanzt wird, aber hinterher sagt ihnen ihr Unterbewusstsein, dass sie in Jesu Armen »sicher« sind.

Einige Leute behaupteten, dass der Erfolg von Fannys Erweckungsliedern mehr den Melodien als den Texten zu verdanken gewesen sei. Die unterschiedlichen Berichte über Bekehrungen aufgrund ihrer Lieder widerlegen diese Annahme. In den meisten Fällen waren es die Worte, die dem Hörer nicht mehr aus dem Sinn gingen; die Melodie war nur der Motor. Lowry sagte oft, dass die Worte normalerweise eine stärkere Wirkung hätten als die Musik.

Kritik störte Fanny nicht. Sie schrieb nicht für die Kritiker, sondern für die einfachen Leute. Sie wusste, welche Art von Musik ein einfacher Mensch am ehesten verstehen kann.

Betrunkene, Operetten und Tagungen

Mit der Eröffnung der Brooklyn Bridge im Mai 1883 wurde es recht leicht für die Menschen, die in der geschäftigen New Yorker Innenstadt arbeiteten, von der ruhigeren Vorstadt Brooklyn aus zu pendeln. Viele Leute kauften oder bauten Häuser auf der anderen Seite des East River, unter ihnen auch George Coles Stebbins mit seiner Frau und seinem Sohn, die von Chicago aus hinzogen. Etwa zur gleichen Zeit brachte auch Ira Sankey seine Frau und seine Söhne aus Chicago mit. Fanny hatte nun Gelegenheit, beide Familien näher kennen zu lernen. Der höfliche, ruhige Stebbins wurde einer ihrer »treuesten und kostbarsten Freunde«.

Fanny war oft bei der Stebbins-Familie zu Gast, aber noch öfter trafen sich die beiden im Haus der Sankeys. Der unruhige Sankey stand Fanny im Temperament näher. In den nächsten fünfzehn Jahren war sie ein regelmäßiger Gast im geräumigen Salon der Sankeys. Außer Moody war sie vielleicht Sankeys engster Freund.

Sankey und sie schrieben jetzt häufiger gemeinsam Erweckungslieder, viele mit Hilfe von Sankeys Harmonium. Sankey komponierte zu ihren Gedichten seine einfachen, aber wehmütig-wohlklingenden Weisen. Zu jener Zeit waren er und Phoebe Knapp wahrscheinlich ihre besten Freunde.

1883 oder 1884 zog Fanny von der Innenstadt an die Ecke Erste Avenue und Neunundsiebzigste Straße. Da sie nun zu weit weg von der Methodistenkirche in der John Street wohnte, begann sie die Cornell Memorial-Kirche auf der Sechsundsiebzigsten Straße zu besuchen und trat ihr irgendwann auch bei. Es war die erste Kirche, der sie sich je offiziell angeschlossen hatte. Vielleicht war sie der Meinung, dass sie mittlerweile in einem Alter war, in dem die Klugheit die Zugehörigkeit zu einer Gemeinde gebot, und sei es nur, um sich eines Geistlichen für die eigene Beerdigung gewiss zu sein!

Es ist fraglich, ob sie zu dieser Zeit noch mit Van zusammen war. Es ist jedoch gewiss, dass er in ihrem Leben keine herausragende Rolle mehr spielte. 1882 war das Paar noch zusammen, aber aufgrund von unterschiedlichen Interessen und Freundeskreisen, vielleicht auch durch ein mit dem Alter einhergehendes Schwinden körperlicher Leidenschaft entfernten sich die beiden blinden Musiker voneinander. Anscheinend gab es zwischen ihnen keine offensichtlichen Probleme, aber sie waren seltener zusammen. Laut Fanny liebten sie sich noch immer, aber nach und nach entwickelte sich ihre Beziehung in gegenseitigem Einverständnis von einer Ehe zurück auf ein Verhältnis zwischen guten Freunden. Es gab keinen Hinweis auf Untreue; sondern es war einfach so, dass Unterstützung und Kameradschaft außerhalb der ehelichen Beziehung gesucht wurden.

Außer Ira Sankey und Phoebe Knapp waren auch Hugh und Louise Main gute Freunde von Fanny. Am 24. März 1884 richteten sie zum ersten Mal eine Fanny Crosby-Geburtstagsfeier aus, die eine alljährliche Tradition in den Büros von Biglow und Main werden sollte. Hugh dachte, dass nach zwanzig Jahren Zusammenarbeit und ungefähr dreitausend Erweckungsliedern eine jährliche Anerkennung an Fanny überfällig sei. Im Büro wurde ein üppiges Büfett aufgebaut, das von den Ehefrauen der Verlagsangehörigen vorbereitet worden war. Der Höhepunkt des Abends war die Verlesung der Geburtstagsgedichte, die ihr zu Ehren von Main, Sankey, Kirkpatrick, Lowry, Doane und anderen verfasst worden waren. Hughs spassiges Gedicht machte ihr so viel Vergnügen, dass es zum Höhepunkt zukünftiger Feiern wurde.

Im Oktober 1884 kam Moody nach New York, um gemeinsam mit Sankey eine »christliche Tagung« über Evangelisation zu leiten. Sie hielten Versammlungen ab in der Presbyterianerkirche an der Lafayette Avenue, die nicht weit entfernt von Sankeys Wohnung lag. Moody war besorgt um die persönliche Evangelisation von Kirchenmitgliedern. Wenn es eine bedeutungsvolle Erweckung geben sollte, mussten auch Laien ihren Teil dazu beitragen. Deshalb schlug Moody vor, dass einzelne Kirchen in regelmäßigen Abständen Erweckungsversammlungen abhalten sollten.

Fanny schrieb weiterhin Erweckungslieder für Sankey und für Biglow und Main. Ihre vielleicht erfolgreichsten Lieder schrieb sie zu jener Zeit für Kirkpatrick und Sweney. Unter den vielen, die sie zu *Lieder der erlösenden Liebe* (1882) und zu *Frohe Hallelujas* (1887) beitrug, waren »Tell Me the Story of Jesus«, »Redeemed, O How I love to Proclaim It« und »We Are Never Weary of the Grand Old Song«. Das bei weitem erfolgreichste Erweckungslied, das sie für die beiden schrieb, war »He Hideth My Soul in the Cleft of a Rock«, wozu Kirkie die Musik komponierte.

Fanny arbeitete auch weiterhin in den Missionen, obwohl sie mit Jerry McAuley einen guten Freund verloren hatte. Der Ire war nie von besonders robuster Konstitution gewesen und seine schwere Arbeit in der Mission setzte seiner Gesundheit sehr stark zu. Als er etwa fünfundvierzig war, erkrankte er an Tuberkulose. Das Ende kam unerwartet im Oktober 1884. Sam Hadley übernahm seinen Platz als Leiter der Water Street-Mission.

Fanny lernte Sam kennen und bewundern, aber sie war vertrauter mit seinem Bruder Henry Harrison Hadley, bekannt als der »Oberst« wegen seiner Auszeichnungen im Bürgerkrieg. Durch Alkoholismus verlor er seine erfolgreiche Anwaltspraxis und er fing an, in Upper Manhattan eine Wochenzeitung herauszugeben, für die Fanny Gedichte zur Unterstützung der Abstinenz schrieb. Hadley dachte, dass er in Maßen trinken könne, aber er wurde zu der Einsicht gebracht, dass für Leute seines Schlages eine »Mäßigungsgesellschaft« nutzlos war. Er blieb eine Weile trocken, aber bei dem Versuch, in geselliger Runde mitzutrinken, wurde er wieder abhängig und nahm im Sommer 1886 täglich mehr als vierzig Drinks zu sich.

Fanny tat ihr Bestes, um den Oberst zu beraten, der formal der anglikanischen Kirche angehörte, aber »originelle Vorstellungen von Religion« hatte. Er bekehrte sich, als er das Zeugnis eines geläuterten Alkoholikers in der Mission seines Bruders hörte. Hadley betete zu Gott, ihm nicht seinen »Appetit auf das Trinken« zu nehmen, sondern ihn in die Lage zu versetzen, »diesen Durst« lebenslang ertragen zu können in Dankbarkeit dafür, dass Christus für ihn am Kreuz gestorben war. Am nächsten Morgen erwachte er singend. Er empfand keine Gier mehr nach starkem Alkohol oder Tabak.

Bis zu seinem Tod sechzehn Jahre später hatte Hadley sechzehn Rettungsmissionen gegründet und war ein international bekannter christlicher Vortragsredner geworden.

Fanny war im Sommer und Herbst 1886 nicht nur wegen der Bekehrung ihres Verlegerfreundes überglücklich, sondern auch wegen der Dinge, die sie in Northfield im Staat Massachusetts miterlebt hatte.

1879 hatte D. L. Moody die erste Zusammenkunft christlicher Helfer in Northfield, die Northfield Christian Workers' Conference, einberufen, die in seiner Heimatstadt zu einem jährlichen Ereignis werden sollte. Moody verbrachte den Sommer gerne mit Studien und Erholung in Northfield, wo er ein schönes Heim besaß.

Er brachte es jedoch nicht fertig, lange zu faulenzen, und bald schon führte er öffentliche Bibellesungen in seinem Speisezimmer durch, zu denen er alle Interessierten aus der Gegend einlud. Es kamen so viele Leute, dass nicht alle ins Haus passten und die Veranda voller Menschen war, die durch das Fenster schauten.

Ermutigt durch das allgemeine Interesse entschied Moody, dass es möglicherweise eine gute Idee für christliche Helfer sein könnte, sich jeden Sommer für eine Woche in diesem ländlichen Paradies zu treffen um zu beten, die Heilige Schrift zu lesen und sich für ihren Dienst in der christlichen Arbeit neu zu stärken. An der ersten Freizeit im September 1879 nahmen dreihundert Menschen teil. Sie wurden im Schlaftrakt des Northfield-Seminars untergebracht und blieben zehn Tage lang zusammen; sie studierten »die Lehre des Heiligen Geistes« und beteten für verschiedene christliche Institutionen.

Fanny hatte von Anfang an von den Versammlungen gehört, aber erst 1886 nahm sie daran teil. Sie war zu Gast bei den Sankeys in ihrem Sommerhaus in Northfield. Ihr gefielen die Versammlungen, die in Zelten und in der Seminarkapelle abgehalten wurden, sehr gut. Ab und zu wollte Moody, dass sie eine Ansprache halten sollte, aber sie weigerte sich jedes Mal. Sie hielt auch in Ocean Grove keine Rede. Zweifellos kam sie zu den Freizeiten nicht als Gebende, sondern als Empfangende religiöser Unterweisung. Dies waren ihre Ferien, ihre einzige Pause von dem endlosen Kreislauf der Gespräche und Reden, die ihr das ganze Jahr über abverlangt wurden.

Sie dichtete dort allerdings einige Erweckungslieder. Auch in den Ferien konnte sie der Stimme des Heiligen Geistes nicht widerstehen.

Als die Erholungspause im Herbst vorüber war, kehrte sie aus der »süßen Gebirgsluft« in die schlechte Großstadtluft New Yorks zurück. Sie arbeitete wie üblich freudig an ihren Erweckungsliedern – und an einer sentimentalen Operette namens *Zanie*, die im folgenden Jahr produziert werden sollte. Fanny war von Hart Pease Danks (1834–1903) als Textdichterin engagiert worden; dieser war ein bekannter Komponist weltlicher Musik und berühmt für seinen Erfolgsschlager »Silver Threads Among the Gold«.

Anders als viele ihrer Zeitgenossen hatte Fanny nichts gegen das Theater. Moody und Sankey besuchten nie eine Vorstellung, aber Fanny war der Meinung, dass es an einem Stück, einer Oper oder an Schlagermusik nichts auszusetzen gab, solange nur der Inhalt zuträglich und erbaulich war. In dem Jahr nach *Zanie* arbeitete sie mit Doane zusammen an einer ganz weltlichen Weihnachtskantate namens *Santa Claus*. In einer Einführung wurde dargelegt, dass »diese Kantate von religiösem Gefühl durchdrungen sei und den Triumph des Guten über das Schlechte veranschaulichen sollte«.

Fannny war sehr besorgt um ihre Familie. Ihre Schwester Carrie in Bridgeport war zum zweiten Mal verwitwet; ihr Ehemann Lee Rider, der Epileptiker gewesen war, war im Dezember 1883 im Alter von sechsunddreißig Jahren gestorben. Carrie verarbeitete ihren Schmerz, indem sie ihrer alten Mutter, die immer noch bei ihr lebte, ein Zuhause gab.

Fanny war nun sehr wegen Jule und Byron beunruhigt. Byrons Gesundheit ließ ihn im Stich. Trotz einer zunehmenden Herzschwäche nahm er im Frühjahr 1887 eine Arbeit in New Haven im Staat Connecticut an, die ihn zwang, täglich ungefähr achtzig Kilometer mit dem Zug zu pendeln. Es wurde tatsächlich zu viel für ihn. Im Herbst musste er aufhören und im Dezember verstarb er im Alter von fünfzig Jahren.

Der Verlust ihrer beiden Schwager traf Fanny empfindlich, denn sie hatte beide sehr gern.

Es war noch kein Monat seit Byrons Tod vergangen, als ihre letzte noch lebende Tante, Polly Decker, mit siebzig einem Herzschlag erlag. Polly war nur zwei Jahre älter als Fanny und war ihr in ihrer Kindheit mehr eine Schwester als eine Tante gewesen. Bis zum Alter von fünf Jahren waren Fanny und Polly Spielkameraden gewesen. Eine der letzten Verbindungen zu ihrer Kindheit war damit für immer dahin. Aus diesen lange vergangenen Tagen in Gayville war nur noch eine Person übrig: ihre liebe Mutter, die mit achtundachtzig immer noch gesund und munter war.

Im März 1889 beendete Grover Cleveland seine Amtszeit als Präsident der Vereinigten Staaten und zog in eine Wohnung in der Madison Avenue in New York. Bald darauf lud er Fanny ein, ihn zu besuchen. Somit wurde nach einer Pause von fünfunddreißig Jahren eine Freundschaft erneuert, die einst am New Yorker Blindeninstitut begonnen hatte. Bei ihrem Wiedersehen wurde sie von ihrem mittlerweile kahlköpfigen alten Freund und seiner schönen jungen Frau Frankie freundlich empfangen. Cleveland bestand darauf, in Kontakt miteinander zu bleiben.

1899 trug Fanny vierzig Erweckungslieder zu Lowry und

Doanes *Strahlende Schar* bei, aber keines davon wurde besonders bekannt. Sie hatte sich mittlerweile fast ganz leer geschrieben. Alles was sie schrieb war wahrscheinlich schon die fünfte oder sechste Interpretation von etwas, was sie bereits vor Jahren geschrieben hatte. Die Qualität ihrer Erweckungslieder verschlechterte sich. Aber Biglow und Main wollten immer noch weitere Lieder, und Fanny lieferte sie ihnen. Man legte ihr sogar nahe, Interpretationen von beliebten Erweckungsliedern anderer Autoren, wie zum Beispiel »Wonderful Words of Life« (Bliss) und »Mächtige Ströme des Segens« (Whittle), zu dichten. Ihre Versionen waren jedoch schnell vergessen.

Fanny schrieb so viele Lieder, die meisten davon schnell und mechanisch, dass sie sich oft nicht erinnern konnte, was sie geschrieben hatte. Manchmal konnte sie noch nicht einmal ihre eigenen Lieder wieder erkennen, wenn man sie sang.

Sie schrieb vielleicht nicht mehr als ein halbes Dutzend guter Erweckungslieder im nächsten Vierteljahrhundert, aber ihre Berühmtheit nahm weiterhin unglaublich zu aufgrund ihrer früheren Leistungen und ihres Rufes als Predigerin und Rednerin. Ihre wirkungsvollsten Beiträge lieferte sie von nun an von der Kanzel oder vom Rednerpult aus, aber sie blieb immer berühmt als »die Liederdichterin« und »die Königin des Gospels«.

Das Herzenslied

Im selben Monat, in dem Fanny ihren siebzigsten Geburtstag feierte, kam Moody zu seiner ersten größeren Evangelisation seit 1876 nach New York zurück. In den fünfzehn Jahren, seit er mit Sankey die Stadt im Sturm genommen hatte, hatte sich viel verändert. Moody war schon immer untersetzt gewesen, aber in der Zwischenzeit war er enorm dick geworden. Er war so beleibt, dass er sich eigens Kleidung anfertigen lassen musste und entweder Slipper tragen oder sich von einem seiner Söhne die Schnürsenkel binden lassen musste. Mit seinem riesigen weißen Bart und seiner rötlichen Gesichtsfarbe sah er dem Nikolaus auffallend ähnlich.

Die Zeit hatte nicht nur Moodys Aussehen verändert, sondern auch sein Publikum. Er musste nicht mehr die größten Hallen mieten, denn die Anzahl seiner Zuhörer mittleren und hohen Alters konnte man nun bequem in einer der örtlichen Kirchen unterbringen. Die Tatsache, dass die meisten seiner Besucher bereits »gerettet« waren, enttäuschte den Evangelisten. Er beklagte sich bitterlich, dass seine Versammlungen nur besucht wurden von »chronischen Besuchern religiöser Veranstaltungen, die alle anderen verdrängen«. Er war unzufrieden darüber, dass er scheinbar in die gleichen Gesichter blickte, die ihn schon ein Jahrzehnt zuvor begrüßt hatten.

Sankey begleitete Moody dieses Mal nicht. Obwohl er noch nicht fünfzig war, gehörte die einst goldene Stimme des Baritons vollkommen der Vergangenheit an und er sang nur noch gelegentlich. Solist und Gesangsleiter war der Tenor George Stebbins.

In den »Bibellesungen«, wie er seine Versammlungen nannte, sprach Moody über das schwindende Interesse der Amerikaner an Religion. Die Erweckung, die 1850 begonnen und etwa zwanzig Jahre später ihren Höhepunkt erreicht hatte, fand keinen Zulauf mehr, und Moody war darüber sehr besorgt. Er fragte sich, wie Religion der Jugend nahe gebracht werden könnte. 1890 forderte er von der Kanzel der Marble Collegiate-Kirche die Pfarrer auf, kürzere Predigten zu halten und ihren Gottesdiensten mehr Schwung zu verleihen. Geistliche, so sagte er, sollten nicht den Titel »Reverend« (Hochwürden) für sich beanspruchen, der dem eigentlichen Wortsinne nach nur Christus zustehe; ein Pfarrer sollte mit der Anrede »Herr« zufrieden sein wie jeder andere Mann auch.

Fanny nahm teil, aber sie ging nicht auf Moodys Bitten ein, zu sprechen oder wenigstens auf der Bühne zu erscheinen.

Bei einer der Versammlungen allerdings konnte Fanny in der überfüllten Kirche keinen freien Platz mehr finden. Sie wollte gerade gehen, als Moodys Sohn Will zu ihr sagte, dass er einen Platz für sie finden würde. Die Leute sangen gerade »Seligstes Wissen«, als er sie in den Altarraum und auf die Bühne führte. Der Evangelist stand auf und hob seine Hand, um den Gesang zu unterbrechen. »Preist den Herrn, hier kommt die Autorin!«, rief er aus. Es war zu spät für Fanny, um dem Platz auf der Bühne auszuweichen, und sie setzte sich unter donnerndem Beifall. Sie nahm den Zwischenfall mit Humor.

Im Mai fuhr sie nach Bridgeport, und am 30. des Monats sprach sie im Seaside-Park zu einer Menge, die sich anlässlich des Heldengedenktages, versammelt hatte, und rezitierte dabei ein Gedicht, das sie für den Ortsverband der Großen Armee der Republik geschrieben hatte. Der Auftritt war ein solcher Erfolg, dass sie gebeten wurde, ihn alljährlich zu wiederholen. Bis zum Ende ihres Lebens wurden das Gedicht und die Ansprache zum Heldengedenktag in Bridgeport eine feste Einrichtung. Noch mit neunzig Jahren konnte sie alternde Veteranen und ihre Familien zu Tränen rühren.

Am nächsten Tag half Fanny ihrer Mutter bei der Feier ihres einundneunzigsten Geburtstages. Mercys Geburtstag war für ihre sie liebende Familie immer der Höhepunkt des Jahres. Mercy, die mit Carrie in einer Wohnung an der Washington Avenue wohnte, erfreute sich offensichtlich immer noch guter Gesundheit und war noch im Vollbesitz ihrer Geisteskräfte. Eine Menge Verwandte kamen zu Besuch.

Im Sommer wurde Mercy sehr krank und wurde in ein Krankenhaus gebracht, wo man ihren Zustand für hoffnungslos erklärte. Am 1. September ging Mercy bei Sonnenuntergang »friedlich aus dieser Welt in die hellere Heimat im Himmel«; Fanny, Carrie und Jule waren bei ihr.

Noch trauriger als über den Tod ihrer Mutter war Fanny über das Verhalten ihrer Schwestern. Mercy, die ein halbes Jahrhundert zuvor ohne irgendwelche Habe nach Bridgeport gekommen war, hatte »ein bisschen was«, als sie starb, aber sie hinterließ kein Testament. Jule und Carrie erhoben Anspruch auf den Besitz und behaupteten, »die einzigen Erben und nächsten Blutsverwandten« zu sein. Selbst wenn sie davon wusste, Fanny erhob keine Einwände und das Gericht übergab Fannys beiden Schwestern Mercys ganzes Eigentum. Fanny nahm dies ohne Bitterkeit hin. Sie war der Meinung, dass Gott sich um ihre Bedürfnisse kümmerte, und das genügte ihr.

Im nächsten Jahr fand Fanny ihre Dichtkunst wieder und schrieb zwei Erweckungslieder, die große Erfolge wurden. Anfang des Jahres bat Sweney sie, »etwas Sensibles und Pathetisches« zu schreiben. Er schlug jedoch dazu eine Melodie vor, die alles andere als sensibel und pathetisch klang. Es war ein schwungvolles Marschmusikstück, das dem Stil von »Von den blauen Bergen kommen wir« entsprach.

Fanny betete um einen angemessenen Text. Endlich kam ihr ein »Gedankengang« in den Sinn, der in »My Saviour First of All« mündete. Innerhalb weniger Jahre kannte jedermann in England und Amerika dieses Lied.

Kurz darauf wurde ein noch erfolgreicheres Lied geschrieben. Im März 1891 starb Fannys Cousin Howard Crosby, der Presbyterianerpastor, im Alter von fünfundsechzig Jahren an Lungenentzündung. Nicht lange danach las ihr Lucius Biglow aus einer Broschüre vor, die den Text von Dr. Crosbys letzter Botschaft enthielt. Danach hatte kein Christ den Tod zu fürchten. »Wenn jeder von uns der uns von Christus geschenkten Gnade treu bleibt, wird dieselbe Gnade, die uns zu leben lehrt, uns auch das Sterben lehren.«

Bewegt von dieser letzten Botschaft schrieb Fanny ein Gedicht mit dem Titel »Some Day«. Sie schrieb es innerhalb weniger Minuten nach »göttlicher Eingebung«, wie sie auch in den sechziger und siebziger Jahren ihre besten Erweckungslieder geschrieben hatte. Sie überreichte es Biglow, der ihr die üblichen zwei Dollar bezahlte und es in seinen Tresor legte. Drei Jahre lang schien es, als ob »Some Day« eines dieser Gedichte sein sollte, die Fanny zu ihren besseren Arbeiten zählte und die trotzdem nicht vertont wurden. Aber mit kleinen Abänderungen sollte dieses Erweckungslied – ihr »Herzenslied« – das wohl bekannte »Saved by Grace« werden.

Fanny hatte guten Grund, sich in jenem Jahr Gedanken über den Tod zu machen. Zuerst starb ihre Mutter, dann ihr Cousin Howard. Im Juli erhielt sie aus Bridgeport die Nachricht, dass »der Engel im weißen Gewand« ihre Lieblings-Großnichte Clare Morris nach einer Scharlachinfektion geholt hatte. Fanny hatte sich von diesem Schlag noch nicht richtig erholt, als sie im

September erfuhr, dass Joseph Knapp auf der Heimreise nach einem Urlaub mit Phoebe in Europa überraschend auf hoher See verstorben war.

Trotz Trauer und Problemen hatte Fanny immer noch mehrere wundervolle Freunden wie Ira Sankey, Phoebe Knapp und Howard Doane. In den neunziger Jahren des letzten Jahrhunderts begann sie zwei neue großartige Freundschaften.

In der Cornell-Methodistenkirche entwickelte sich eine enge Beziehung zwischen ihr und dem Hilfspfarrer Reverend Gerhard Johannes Schilling. Schilling stammte aus Deutschland, er hatte sich in Burma bekehrt – eine Bekehrung, die ihn seine Arbeitsstelle kostete – und kam nach New York, wo er die Theologieschule besuchte. Er war vierzig Jahre jünger als Fanny und holte »Tante Fanny« jeden Sonntag und jeden Mittwochabend mit seiner Kutsche zum Gottesdienstbesuch ab. Er lernte ihre Erweckungslieder kennen und lieben. 1894 reiste Schilling mit seiner amerikanischen Frau nach Burma, wo er als Missionar tätig wurde, die Bibel übersetzte und Erweckungslieder im Eingeborenendialekt schrieb. Er berief sich auf Fanny als seine Inspiratorin.

Fanny lernte außerdem Eliza Edmunds Hewitt kennen. Eliza, die auch manchmal »Lida« genannt wurde, wurde 1851 in Philadelphia geboren und hatte einige Jahre lang als Lehrerin gearbeitet, bis sie das Opfer einer schmerzhaften und behindernden Erkrankung des Rückenmarks wurde. Nachdem sie mehrere Jahre lang bettlägerig gewesen war, gewann sie genug Kraft zurück, um eine aktive Kirchenmitarbeiterin zu werden. Sie begann, religiöse Gedichte zu schreiben, die die Aufmerksamkeit von William Kirkpatrick erregten, der – ebenso wie Sweney – einige davon vertonte. Im Laufe der Jahre schrieb Eliza eintausendfünfhundert Erweckungslieder für Kirkpatrick und Sweney. Mitte der neunziger Jahre des vorigen Jahrhunderts war sie eine der »Großherzoginnen am Hofe« von Fanny Crosby, der anerkannten Königin des Gospelliedes.

1894 erhielt Stebbins die Gelegenheit, Fannys »Herzenslied« zu vertonen. Fanny verbrachte den Sommer bei den Sankeys in Northfield im Staat Massachusetts. Die Moodys waren in diesem Sommer in Europa, und die Bibeltagung in Northfield wurde von Dr. Adoniram Judson Gordon geleitet, einem bedeutenden Baptistengeistlichen und Autoren. Einer seiner Vorträge befasste sich mit dem Heiligen Geist. Nach seiner Ansprache kam Sankey zu Fanny und fragte: »Wirst du auch etwas sagen? Das Publikum bittet dich zu sprechen.« »Oh, Sankey, ich kann nicht vor einem solchen Aufgebot an Talenten reden!«

Gordon mischte sich ein: »Fanny, redest du, um den Menschen zu gefallen oder um Gott zu gefallen?« Nun hatte sie Gewissensbisse. »Na, ich hoffe doch, um Gott zu gefallen!«

»Nun denn, dann geh und tu deine Pflicht!«

Fanny nahm ihren Platz am Lesepult ein, machte einige Bemerkungen und zitierte dann ihr »Herzenslied«, das Gedicht »Some Day«. Es begann so:

Some day my earthly house will fall,
I cannot tell how soon 'twill be,
But this I know, my All in All
Has now a place in heaven for me.

Eines Tages wird mein irdisches Haus zerfallen,
ich weiß nicht, wann es passieren wird.
Aber eines weiß ich, mein Ein und Alles
hat jetzt einen Platz für mich im Himmel.

Als sie endete, war im Publikum kein Auge mehr trocken.

Sankey schickte das Gedicht an Stebbins, der Fanny einen Refrain schreiben ließ:

And I shall see him face to face,
And tell the story – Saved by Grace.

Und ich werde Ihn von Angesicht zu Angesicht sehen,
und die Geschichte erzählen – durch Gnade errettet.

Er komponierte dazu eine langsame Melodie. Obwohl die Weise weder besonders klangvoll noch sehr melodisch war, wurde Fannys »Herzenslied« schon bald ein Lieblingslied evangelikaler Christen in der ganzen Welt. Moody verliebte sich in das Lied, als er es zum ersten Mal hörte. Als Schlager der »Munteren Neunziger« war es in aller Munde.

Es sollte Fannys letztes wirklich berühmtes Erweckungslied sein.

Wer ist Moody?

In den neunziger Jahren des letzten Jahrhunderts war die gebrechliche kleine Frau – die Königin des Gospelliedes – ein vertrauter Anblick in den Straßen Manhattans. Sie wurde oft erkannt; sie lächelte beständig – soweit es ihr schlechtsitzendes Gebiss zuließ – und hielt sich an der Hand einer Begleitperson fest. Sie ging nunmehr ziemlich gekrümmt und trug eine braune Lockenperücke über ihrem dünnen grauen Haar. Der Stil ihrer Kleider und Hüte stammte aus den vierziger Jahren jenes Jahrhunderts, aber ihre Energie, ihr Schwung, ihr scharfer Verstand, ihre Lebensfreude und ihr Humor schienen nicht ihrem Alter von fünfundsiebzig Jahren zu entsprechen. Trotz ihrer altersgebeugten Gestalt behauptete Fanny ernstlich, dass sie sich nicht anders fühle als einst mit sechzehn.

Sie war mit einer Reihe von Aktivitäten beschäftigt, die eine vierzig Jahre jüngere Person erschöpft hätte. Sie lieferte Biglow und Main nach wie vor zwei bis drei Erweckungslieder pro Woche und schrieb auch für Sweney und Kirkpatrick. Sie arbeitete weiter unermüdlich für die Besserung der Alkoholiker, Drogensüchtigen und Obdachlosen in den Missionen in der Bowery und in der Water Street sowie in der Cremorne-Mission und in der »Tür der Hoffnung«.

Ihre Zeit war stetig ausgebucht mit Reden und Vorträgen für den Eisenbahnerzweig des CVJM sowie in Kirchen und großen Scheunen verschiedener Städte und Dörfer. In den übrigen Stunden saß sie nicht untätig am Kamin, sondern führte angeregte Unterhaltungen oder musizierte mit Sankey, Phoebe und anderen Freunden. Während sie redete, strickte oder nähte sie auch gleichzeitig, denn sie wurde nervös, wenn ihre Hände nicht ständig beschäftigt waren.

1896 zog Fanny nach Brooklyn und nahm für sich ein Zimmer in einer armen Gegend der Stadt an der Lafayette Avenue. Sie war nicht weit entfernt von den Sankeys und der Stebbins-Familie, die regelmäßig vorbeischauten. Van lebte jetzt bei seinen Freunden, den Underhills, in einer eleganten Wohnung an der Südlichen Dritten Straße in Brooklyn. Fanny besuchte diesen »guten Freund« häufig.

D. L. Moody kam nach Manhattan, um noch mehr Ungläubige zu Christus zu führen. Christliche Helfer begriffen langsam, dass es auf den Straßen New Yorks und Washingtons ebenso viele Heiden gab wie auf denen von Timbuktu oder Kalkutta, und Moody versprach seine größte Evangelisation seit 1876. Aber die fast fanatische religiöse Inbrunst, die die späten fünfziger Jahre des letzten Jahrhunderts und die darauf folgenden zwei Jahrzehnte ausgezeichnet hatte, war in den achtziger Jahren abgeklungen. Mit dem Nahen des zwanzigsten Jahrhunderts wurde die Allgemeinheit der Religion gegenüber halbherzig. Es war das »Vergoldete Zeitalter«, in dem viele ihr Leben der Anhäufung von Reichtümern widmeten. Gleichzeitig fand die wachsende Anzahl unzufriedener Armer ihren Trost nicht wie ihre Vorfahren in der Religion, sondern im Sozialismus, im Kommunismus und in der Anarchie.

Nun aber wurde Moody nur mit einer Spur der Begeisterung empfangen, die ihm 1876 entgegengebracht worden war. Ein bekannter Pfarrer verfocht die Meinung, dass es keinen Hinweis darauf gab, dass Moodys frühere Evangelisations-Kampagnen irgendeinen wesentlichen oder dauerhaften Unterschied im Kirchenbesuch ausgemacht hätten, und bezweifelte, dass die für November geplante Evangelisation hilfreich oder wünschenswert für die örtlichen Kirchen sei. Andere hielten eine Erweckung in und um New York zwar für äußerst notwendig, fragten sich aber, ob eine Erweckung durch Moody das Richtige sei.

Am 8. November eröffnete der angegraute Evangelist seine Evangelisations-Kampagne in der Carnegie Music Hall. Er hatte beabsichtigt, »zu den Unbekehrten zu sprechen«, aber als er sich an das typische Kirchenpublikum mittleren Alters wandte, das er 1890 in seinen »Bibellesungen« angeklagt hatte, änderte er seine Meinung. Nachdem er unzweifelhaft klargestellt hatte, dass seine Zuhörer eifriger mit ihren weltlichen Geschäften als mit ihrem christlichen Glauben beschäftigt waren, stauchte er sein Publikum wegen seines Mangels an sozialer Initiative im persönlichen Bereich zusammen. »Senden Sie Ihre Kutsche aus und fahren Sie ab und zu arme Menschen im Park spazieren, und ich garantiere, dass man Sie einen Engel nennt.« Moody war nicht so sehr mit der Beseitigung gesellschaftlicher Übel beschäftigt, sondern mit der sozialen Verantwortung des Einzelnen. Die Gesellschaft konnte erst verändert werden, nachdem die Einzelnen sich geändert hatten.

In den nächsten paar Tagen ging Moody in die örtlichen Kirchen. Er wollte, dass diese Gemeinden tätig werden sollten als »Brandherde, von wo aus sich die Flammen« der Erweckung

»ausbreiteten«. Er war zu der Einsicht gekommen, dass er zumindest in großen Städten nur wenige durch Massenversammlungen für Christus gewinnen konnte. Die riesigen Hallen, die seine Anhänger gemietet hatten, waren weitgehend mit Leuten gefüllt, die bereits Christen waren und nicht mit den Gleichgültigen oder den »Ungläubigen«, die er erreichen wollte.

Aber er war überzeugt, dass man mit der Unterstützung der örtlichen Pfarrer und Gemeinden jeden Mann und jede Frau in der Stadt New York erreichen konnte.

Er wollte, dass die Pfarrer von Haus zu Haus gehen und ihren Glauben bezeugen sollten. Die Pfarrer und die Gemeindeglieder sollten zu kleinen »Hausversammlungen« mit Gebeten, Gesprächen und Andachten in persönlicher und nachbarschaftlicher Atmosphäre einladen.

Die Gemeindeglieder gingen nicht hinaus, um ihre kirchenfernen Freunde einzuladen, aber sie strömten zusammen, um Moody bei seiner ersten »Brandherd«-Versammlung in der Marble Collegiate-Kirche zu hören.

Sankey war diesmal bei seinem alten Freund, aber sein Charme war beträchtlich geschwunden. Er wurde von einem Beobachter als »ein riesiger, reizbarer Mann mit Augen, die von schlaffen Hängefalten umgeben sind« beschrieben. Seine Gestik war »salbungsvoll«, und er rollte die Augen »auf affektierte Weise«, während er mit seiner angeschlagenen Stimme sang.

Moody verlegte die Versammlung in die Cooper Union, eine Bildungseinrichtung in der Innenstadt Manhattans. In deren Großem Auditorium begann er mit einer weiteren Reihe von Massenversammlungen. Hier wetterte er gegen das »Kritisieren« der Bibel, wodurch viele Seiten der Heiligen Schrift als Fälschung abgetan oder als Mythos oder Legende wegerklärt wurden.

Die Dinge wurden für Moody immer schlimmer. Nach mehreren Massenversammlungen in der Cooper Union verlegte er die Evangelisation in eine alte Kirche aus braunem Sandstein an der Ecke Vierzehnte Straße und Zweite Avenue. Als er sich zu seiner ersten Ansprache schwerfällig auf die Bühne schleppte, war die Kirche praktisch leer.

»Wo sind die Leute?«, fragte er verdutzt.

Der Pastor der Kirche zuckte mit den Achseln und antwortete trocken: »Auf den Straßen.«

Moody war zornig, denn er hatte den Eindruck, dass der Pastor nicht genug getan hatte, um ein Publikum einzuladen.

»Nun«, brüllte er, »warum gehen Sie dann nicht hinaus und holen Sie herein?«

Er verzögerte den Gottesdienstbeginn, bis der Pfarrer und mehrere örtliche Geistliche gingen, um weitere Besucher zur Teilnahme zu bitten. Sie suchten hektisch, aber niemand schien interessiert. Schließlich kamen zwei von ihnen in ein Wirtshaus. Töricht fragten sie die Männer, die herumstanden: »Wollt ihr in die Kirche an der Ecke der Zweiten Avenue kommen und Dwight L. Moody predigen hören?«

»Wer ist Moody?«, knurrte einer der Männer und wandte sich wieder seinem Getränk und seinen Kameraden zu.

Moody musste bezüglich seiner Kampagne 1896, mit der er das Evangelium in die Stadt New York bringen wollte, eine »vollkommene Niederlage« zugeben. Wie so viele seiner Freunde, die die Rettungsmissionen leiteten, muss er wohl gespürt haben, dass er irgendwie seinen Einfluss auf die große Masse verlor. Fannys Erweckungslied »Saved by Grace« wurde dem alten Mann ein Trost. Er ließ es in jedem Gottesdienst singen, manchmal bis zu dreimal an einem Abend. Während es gesungen wurde, starrte der Prediger mit gedankenverlorenem Blick vor sich hin, und dabei liefen ihm Tränen über die Wangen.

Etwa zu dieser Zeit beschloss der mittlerweile weißbärtige und taube Dr. Lowry etwas zu unternehmen, um Fanny in ihren letzten Jahren ein Einkommen zu sichern. Die Nachfrage nach Erweckungsliedern und Liederbüchern ging zurück. Er arbeitete mit Doane an *Das königliche Gesangbuch*, das ihr letztes Werk werden sollte. Der gute Doktor ging davon aus, dass Fanny in den kommenden Jahren erheblich weniger Arbeit und somit auch weniger Einkommen haben würde. Sie verdiente sowieso nie mehr als vierhundert Dollar im Jahr, was auch in jener Zeit keine große Summe war.

Deshalb beschloss Lowry, dass Fanny eine weitere Gedichtsammlung mit dem Titel *Abendglocken* veröffentlichen sollte. Zusätzlich zu einem von Lowry verfassten hervorragenden biographischen Abriss enthielt es Gedichte aus Fannys drei früheren Bänden, die schon seit langem nicht mehr gedruckt wurden. Es umfasste auch weltliche Gedichte und jene Erweckungslieder, die Fanny für ihre besten hielt. *Abendglocken* hatte 224 Seiten und wurde für fünfzig Cent pro Band verkauft, und Biglow und Main sahen darauf, dass der gesamte Profit an Fanny ging. Das Buch verkaufte sich gut und es gab mehrere Auflagen.

Einige hatten das Gefühl, dass Fanny für ihr großartiges Werk dennoch nicht genügend entlohnt worden war. Viele dachten, dass sie wohlhabend sein sollte wie so mancher ihrer Freunde. Moody besaß ein schönes Haus in Northfield, Sankey hatte ein hübsches Haus in Brooklyn und ein Sommerhaus in Northfield. Warum sollte Fanny nicht ebenso gut gestellt sein wie ihre Freunde?

Phoebe Knapp, die wahrscheinlich ihre reichste Freundin war, war besonders entschlossen, diesbezüglich etwas in die Wege zu leiten. Da sie Fanny nicht dazu überreden konnte, Geldgeschenke anzunehmen, nahm sie mit dem Dichter Will Carleton (1845–1912) Kontakt auf, der Autor vieler Bände mit beliebten sentimentalen Versen und Herausgeber der Zeitschrift *Every Where* war.

Er kannte Fanny seit einigen Jahren und liebte und bewunderte sie. Phoebe schlug ihm vor, dass er nach Fannys Diktat ihre Lebensgeschichte aufschreiben und als Serie in *Every Where* veröffentlichen sollte, und Carleton stimmte dem zu. Ein Teil des Profits aus den Artikeln würde an Fanny gehen und damit ihre finanzielle Situation verbessern, ohne dass sie das Gefühl hatte, dass sie Almosen annahm.

Carleton war entsetzt über die Lebensumstände der weltweit geliebten Liederdichterin. Obwohl sie »nicht eigentlich Not litt«, war seiner Meinung nach ihre Ein-Zimmer-Unterkunft in einer ärmlichen Gegend von Brooklyn einer Person mit ihrem Ruf unwürdig. Carleton entwarf nach ihren »einzelnen Erzählungen« die Darstellung ihrer Lebensgeschichte. Er schrieb die Artikel, versicherte sich ihrer Zustimmung und veröffentlichte sie dann in *Every Where* über einen Zeitraum von Monaten, wobei er ihr zehn Dollar für jeden Artikel zahlte.

Hugh Main, Howard Doane und andere in der Firma Biglow und Main waren beleidigt, denn Carlton deutete an und Phoebe Knapp beharrte darauf, dass sie Fanny nicht genug Honorar bezahlten. Ungehalten verwiesen sie darauf, dass Fanny weit mehr für *Abendglocken* erhielt als für Carletons Artikel. Berechtigterweise legten sie dar, dass Carleton Fanny in keiner Weise finanziell aushelfe, sondern im Gegenteil Konkurrenz zu einem Buch schaffe, dessen Verkäufe ihr weit mehr nutzten als seine Artikel, und dass er dadurch dessen Verkauf behindere.

Dies war der Beginn eines Streits zwischen Doane und Main auf der einen Seite und Carleton und Phoebe auf der anderen, der nach einigen Jahren seinen Höhepunkt erreichen sollte.

Niemand schien zu bemerken, dass Fanny aus freien Stücken arm war. Obwohl sie für die Bemühungen ihrer Freunde zu ihren Gunsten dankbar war, wollte Fanny nicht wohlhabend sein.

Sie hätte darauf dringen können, dass Biglow und Main ihr mehr bezahlten; viele Liederdichter, die weniger berühmt waren als sie, verlangten bis zu zehn Dollar für ihre Arbeiten. Aber sie begnügte sich mit dem Mindesthonorar und legte auch niemals einen Preis für ihre Vorträge fest; oft nahm sie gar kein Honorar dafür. Immer, wenn sie zur Annahme von Geld genötigt wurde, protestierte sie, dass es zu viel sei. Sie verschenkte praktisch alles, was sie bekam, und betete jeden Tag aufs Neue um Essen, Miete und andere Bedürfnisse.

Moody schlug Main vor, dass er Fanny statt der zwei Dollar pro Lied ein regelmäßiges wöchentliches Einkommen von acht Dollar zahlen sollte. Dies summierte sich auf vierhundertsechzehn Dollar pro Jahr, was in etwa dem Betrag entsprach, den sie durch Einzelhonorare bekommen hatte. Denn Moody und Main wussten, dass in kommenden Jahren weniger Erweckungslieder veröffentlicht werden würden, und diese neue Absprache würde Fanny ein regelmäßiges Einkommen sichern, auch wenn man sie seltener um neue Lieder bitten würde.

Fannys Freunde hatten gute Gründe für ihre Besorgnis. Sie war jetzt fast achtzig und sie sah schrecklich aus. Die Tatsache, dass sie darauf bestand, allein zu leben, ängstigte ihre Freunde ebenso wie ihre Familienmitglieder. Die Schwestern in Bridgeport drängten sie, zu ihnen in den Norden zu kommen und bei ihnen zu leben, aber Fanny weigerte sich.

In dieser Zeit fiel sie einmal die Stufen von Moodys Haus in Northfield hinab und schnitt sich gefährlich. Kurz nachdem sie sich erholt hatte, erlitt sie in Brooklyn einen Herzanfall und eine Weile hing ihr Leben an einem seidenen Faden. Tagelang war sie in einem Teilkoma. Sie erholte sich davon wieder vollkommen, aber sie weigerte sich, dem Drängen ihrer Freunde und Ärzte nach mehr Ruhe zu folgen.

Fanny nahm ihre frühere Arbeit in den New Yorker Mitternachtsmissionen wieder auf, sobald sie dazu in der Lage war. Sie reiste auch weiterhin durch die Neuenglandstaaten und hielt Vorträge und bestand darauf, dass sie keinen Reisegefährten benötige. Im Sommer 1897 besuchte sie die Orte ihrer Kindheit – vielleicht zum ersten Mal seit ihrer Abreise zum Blindeninstitut. Bei einer Ansprache an die Absolventinnen des Drew-

Seminars in Carmel bei Gayville, zu der man sie gebeten hatte, bezauberte sie das Publikum mit ihren Erinnerungen an die Gegend während ihrer Jugendzeit.

Im August reiste sie nochmals in die Mitte des Staates New York. Da sie zur »Hofdichterin« des Chautauqua-Kreises (ein literarischer Zirkel) am Tully-Lake ernannt worden war, hatte sie zugestimmt, an dessen sommerlichem »Runden Tisch« teilzunehmen und mindestens eine längere poetische Ansprache zu halten.

Erstaunlicherweise schaffte sie es, zusätzlich zu ihren täglichen Rezitationen noch weitere Ansprachen in der Umgegend zu halten, so zum Beispiel in einer Rettungsmission, auf einer Landesausstellung, in einem Indianerreservat, in dem Altersheim Elmwood Grange und in einer Kirche.

Irgendwie fand sie noch die Zeit, sich am Tully-Lake zu erholen. Eliza Hewitt nahm alljährlich am »Runden Tisch« teil und war ihre Begleitung. Fanny genoss hier die Freundschaft einer Frau, die ihr fast eine Schwester war.

Fanny war nie zu beschäftigt, um »Pilger« zu empfangen, die sie besuchten. Ihre Gastgeber, die Familie John Roberts in Tully, erkannten, dass sie für die Vorbereitung ihrer Gedichte und Ansprachen Zeit brauchte und sie versuchten, die vielen Besucher von ihr fern zu halten, die an den Abenden zu ihr kamen. Aber Fanny hörte nicht darauf. Sie unterbrach ihre momentane Beschäftigung, um Zeit mit ihren Besuchern zu verbringen.

Im Januar 1898 kam Moody für eine zweimonatige Evangelisation nach New York zurück. Seine Versammlungen in der Carnegie Hall zielten dieses Mal nicht so sehr auf die Bekehrung Ungläubiger, sondern auf die Belehrung und Ermutigung derer, die bereits gläubig waren. Er war zu dem Schluss gekommen, dass in einer modernen Stadt der einzelne Christ der Evangelist sei und seinen Glauben vor seinen ungläubigen Nachbarn und Arbeitskollegen bezeugen müsse.

Anfangs wurden die Versammlungen sehr gut besucht, hauptsächlich von älteren Frauen, die während des Gottesdienstes »erschütternd schluchzten«. Sankey trat nicht auf. Die musikalische Leitung war aufgeteilt zwischen Victor Benke, dem jungen Organisten der Bowery-Mission, J. H. Burke, einem Solisten aus Chicago, und dem korpulenten, ergrauten und kränklichen John Sweney.

Die Evangelisation ging am 20. März zu Ende und Moody

sah furchtbar erschöpft aus. Nach einem erfolgreichen Anfang waren seine Besuchermassen auf eine fast leere Halle zusammengeschrumpft. Im Mai und im August kam er zurück, hielt Ansprachen in der New Yorker Umgegend und sammelte Spenden für die evangelikale Arbeit unter Soldaten, die sich auf die Teilnahme am Spanisch-Amerikanischen Krieg vorbereiteten. Seine Bemühungen waren nicht besonders erfolgreich.

Während die Berühmtheit anderer kirchlicher Prominenter ihrer Generation abnahm, wuchs die von Fanny. Dies lag möglicherweise daran, dass sie zu kleinen Gruppen sprach und als Persönlichkeit besser ankam als Prediger wie Moody und Whittle, die in riesigen geschlossenen Hallen inmitten eines Menschenmeeres auftraten. Es könnte auch an ihrem positiven Redestil gelegen haben. Der typische Prediger des neunzehnten Jahrhunderts schalt, schimpfte und drohte; Fanny ging davon aus, dass ihren Zuhörern bewusst war, dass sie Sünder waren, und sie bot ihnen in ihren Reden Trost und Ermutigung.

Außerdem hatte sie etwas Besonderes, das die Kirchenfernen in ihre Versammlungen zog: ihre Blindheit. Und natürlich begründete sich Fannys Anziehungskraft zum großen Teil in ihrem Charisma und ihrer undefinierbaren Aura, die jeden überwältigte, der sie kennen lernte. Sogar jene, die die Qualität ihrer Erweckungslieder bitter kritisierten, mussten zugeben, dass sie als Person einen unwiderstehlichen Charme und eine unumstrittene Heiligkeit besaß.

»Gib niemals auf!«

Die Generation der Liederkomponisten, die Fanny zu ihren erfolgreichsten Liedern verholfen hatte, schwand langsam dahin. Chester Allen, Silas Vail und William Sherwin waren bereits verstorben, John Sweney erlitt kurz nach der Evangelisation mit Moody einen Schlaganfall und starb im April 1899. Der Nächste war Lowry. Seine Gesundheit hatte sich verschlechtert und Fanny fuhr nach Plainfield im Staat New Jersey, um ihn daheim zu besuchen, wo er unter Schmerzen ans Bett gefesselt war. Sie sprachen über Begebenheiten vergangener Jahre, bis der Sterbende die Unterhaltung schließlich auf das Thema brachte, das ihn am meisten beschäftigte: sein nahender Tod.

»Fanny«, flüsterte er leise, »ich werde bald gehen und mich zu jenen gesellen, die vor mir gegangen sind. Meine Arbeit ist jetzt getan«.

Fanny spürte einen Kloß in ihrer Kehle und fühlte sich unfähig zu sprechen, ohne ihren Schmerz zu verraten. »So nahm ich ganz einfach seine Hand in meine und sagte ruhig: ›Ich danke Ihnen, Dr. Lowry, für alles, was Sie für mich getan haben.‹« Dann sagte sie als Nachhall der Worte des Erweckungsliedes, das sie vor vielen Jahren gemeinsam geschrieben hatten: »Gute Nacht, bis wir uns morgen früh wieder sehen.« Lowry starb am 25. November.

Eine neue Generation von Liederdichtern bildete sich. Einige von ihnen komponierten in einem Stil, der identisch war mit dem ihrer Vorgänger. Charles Hutchison Gabriel aus Iowa war wahrscheinlich derjenige unter den Erweckungsliederkomponisten, der am ehesten als Nachfolger von Lowry, Doane, Sankey, Sweney und Kirkpatrick bezeichnet werden kann. Seine Lieder waren sehr schlicht und hatten »den alten methodistischen Schwung«. Als absoluter Autodidakt verfasste er oft seine eigenen Texte und schrieb sie »Charlotte G. Homer« und anderen Pseudonymen zu.

Zwangsläufig wurde Fanny gebeten, Liedtexte für Gabriel zu schreiben, und sie tat dies mit den Jahren immer häufiger. Unter jenen Liedern, die von Gabriel vertont wurden, waren »Hold Fast«, »Jesus führt mich allerwegen« und »Sunshine on the Hill«. Wie die meisten ihrer Lieder aus dieser Periode waren die für Gabriel geschriebenen Texte im wesentlichen Wiederholungen früherer Werke, die sie zum fünfzehnten oder zwanzigsten Male interpretiert hatte.

Sie arbeitete mit mehreren anderen jungen Musikern zusammen. Der in Deutschland geborene Adam Geibel war ebenso wie Fanny durch die verfehlte Behandlung einer Augenentzündung in früher Kindheit erblindet. Mary Upham, eine entfernte Cousine Fannys, war eine bekannte Konzertsängerin gewesen, bevor sie sich aus religiösen Gründen entschied, das Singen weltlicher Musik vollständig aufzugeben. Der ebenfalls aus Deutschland stammende Victor Benke war der Organist der Bowery-Mission.

Der gebildetste und erfolgreichste von Fannys jüngeren Kollegen war Ira Allan Sankey, der dritte und jüngste Sohn ihres großartigen Freundes. Der junge Sankey war 1874 während der ersten Übersee-Evangelisation seines Vaters in Edinburgh in Schottland geboren worden und zeigte von frühester Kindheit an »eine intensive Liebe für die Künste, besonders für die Musik«. Er studierte an der Princeton-Universität Architektur und Tiefbau, aber nach seinem Abschluss 1897 konnte er dem Reiz seiner ersten Liebe nicht widerstehen und begann, für Biglow und Main zu arbeiten. Sein außergewöhnliches Talent wurde von seinem Vater und seinen Kollegen sofort erkannt, und schon bald komponierte Allan einen großen Teil der Musikstücke für die Firma.

Fanny kannte Allan schon seit seiner frühesten Kindheit und beobachtete seine Fortschritte als Komponist mit großem Interesse. Von allen Männern, für die sie je gedichtet hatte, war Allan derjenige, dessen musikalisches Können Fanny rückhaltlos lobte. Sie schrieb, dass die Musik des jungen Sankey »ungewöhnlich liebreizend und schön« sei. So lieb ihr Ira Sankey senior als Person auch sei, sagte sie, »der Sohn war seinem Vater in der Süße der Töne und der Harmonie des Ausdrucks voraus«.

Sie begannen ihre Zusammenarbeit im Jahre 1899 und führten sie fort bis zu Fannys Tod sechzehn Jahre später. Allan war mehr als alle anderen Komponisten von Gospelliedern in der Lage, die Gefühlstiefe von Fannys Liedtexten auszudrücken. Er vertonte einige ihrer schwierigeren Gedichte wie »God's Peace I'll Know«. Sie klangen schöner als die Melodien von Doane und Lowry, aber sie waren schwieriger zu singen und komplizierter auf dem Klavier oder der Orgel zu spielen.

Ihr beliebtestes gemeinsames Erweckungslied war »Never

Give Up«, wozu Allan eine einfache Melodie im alten Stil schrieb.

Never be sad or desponding,
If thou hast faith to believe,
Grace, for the duties before thee
Ask of thy God and receive.

Never give up, never give up,
Never give up to thy sorrows,
Jesus will bid them depart,
Trust in the Lord, trust in the Lord,
Sing when your trials are greatest,
Trust in the Lord and take heart!

Sei niemals traurig und verzweifelt,
Wenn du deinen Glauben hast,
Bitte deinen Gott um Gnade für die
Aufgaben, die vor dir liegen, und nimm sie entgegen.

Gib niemals auf, gib niemals auf,
Gib niemals deinem Kummer nach,
Jesus wird ihn verscheuchen,
Vertraue dem Herrn, vertraue dem Herrn,
Sing, wenn deine Prüfungen am schwersten sind,
Vertraue dem Herrn und nimm dir ein Herz!

Fanny betrachtete es als eines ihrer wirkungsvollsten Lieder. Es wurde Anfang des zwanzigsten Jahrhunderts bekannt als eines der Lieblingslieder des britischen Evangelisten Rodney »Gipsy« Smith (1860–1947).

Allan Sankey war außerdem der Vizepräsident der Leeds und Catlin-Grammophongesellschaft und dank seiner Bemühungen konnten einige der führenden Persönlichkeiten der Moody-Sankey-Ära dazu überredet werden, ihre Stimmen für die Nachwelt aufzeichnen zu lassen. Der ältere Sankey konnte nur noch die Mitleid erregenden Überbleibsel seiner einst wundervollen Stimme mit seinem berühmten »The Ninety And Nine« und einige andere Erweckungslieder aufzeichnen lassen. Moody wurde dazu bewegt, wenigstens eine Aufnahme machen zu lassen, und zwar rezitierte er die Seligpreisungen. Stebbins, Sam Hadley und andere wurden beim Singen von Erweckungsliedern aufgenommen. Es gibt keinen Hinweis darauf, dass auch Fanny je ihre Stimme aufzeichnen ließ.

Im November reiste Moody nach Westen, um eine Evangelisation in Kansas City durchzuführen. Nahezu vierzig Jahre aufreibender Routine hatten ihn vorzeitig altern lassen. Er hatte schon seit Jahren Herzprobleme und litt jetzt unter dauernden Schmerzen. Sein Gesicht war gerötet, und er atmete schwer. Seine Gestalt, die bereits korpulent gewesen war, war mittlerweile durch Ödeme zu unglaublichen Ausmaßen aufgedunsen. Er war kaum in der Lage zu laufen, die kleinste Anstrengung erschöpfte ihn.

Moody wurde mit der Eisenbahn zurück nach Northfield befördert und rang einen Monat lang mit dem Tod. Die Erlösung kam am Morgen des 22. Dezember.

Daheim in Brooklyn sann Fanny darüber nach, welch ein Mensch der von ihr verehrte Moody gewesen war. Einige Jahre später erzählte sie einem Reporter über ihren Freund: »Ich habe nie einen freundlicheren und großherzigeren Menschen kennen gelernt als Dwight L. Moody. Seine Arbeit war ein Wunder und für mich eine andauernde Inspiration für meine Werke. Sein Einfluss war die Erleuchtung – heilsam und kräftigend.«

Fanny schrieb weiterhin Lieder – sie reiste, predigte und arbeitete in den Nachtmissionen, bis der Frühling kam und mit ihm, kurz nach ihrem achtzigsten Geburtstag, der unvermeidliche Zusammenbruch. Sie erkrankte an einer bronchialen Lungenentzündung und zum zweiten Mal in vier Jahren war sie »fast in Sicht des Hafens«. Aber aufgrund ihrer bemerkenswerten Konstitution überwand sie trotz Herzproblemen die Krise.

Als Carrie und Jule von der Krankheit ihrer Schwester erfuhren, eilten sie nach Brooklyn in Fannys Zimmer in der Lafayette Avenue. Diesmal bestanden sie darauf, dass Fanny Brooklyn verlassen und mit ihnen kommen solle. Zuerst wehrte sich Fanny dagegen, aber als Hugh Main und die Sankeys sich ebenfalls dafür aussprachen und ihre Schwestern zustimmten, dass sie häufig zu Besuch nach New York kommen könne, gab sie nach.

Im Juni 1890 verließ sie New York, nachdem sie fünfundsechzig Jahre lang dort gewohnt hatte. Zum ersten Mal seit ihrem fünfzehnten Lebensjahr wohnte Fanny wieder bei Verwandten. Carrie und Fanny zogen in eine Wohnung in einem schönen Backsteinhaus an der State Street, das William und Sarah Becker gehörte. Dort sollten sie die nächsten sechs Jahre lang wohnen.

Ihre Miete wurde von Ira Sankey bezahlt, der Carrie außerdem jeden Monat einen Geldbetrag zur Deckung der Bedürfnisse der Dichterin sandte. (Er wusste, warum er es nicht an Fanny schickte: Sie würde immer jemanden finden, dem es noch schlechter ging als ihr selbst, und es weiterschenken!) Diese Wohnung in einem gutbürgerlichen Stadtteil war bei weitem die angenehmste Unterkunft, die Fanny je gehabt hatte. Sie bestand aus fünf großen Zimmern, die Carrie mit ihrem Mobiliar füllte. Es war ein schöner und gemütlicher Ort. Das Wohnzimmer hatte einen Erker, in dem Fanny gerne saß und schaukelte. Der Salon wurde von einem riesigen Porträt von Mercy beherrscht, deren Andenken beide Schwestern inbrünstig verehrten.

Carolyn Rider war eine kleine, stämmige Frau mit einem langen, reizlosen Gesicht, das von einem lieben Lächeln und funkelnden Augen ausgeglichen wurde. Sie wird als fröhlich und liebenswürdig und besonders kinderlieb beschrieben. Ebenso wie ihre berühmte Schwester war sie entwaffnend offen, aufrichtig und vertrauensvoll und verabscheute Heuchelei und Falschheit. Sie war still und extrem schüchtern. Um Fannys willen fand sie sich mit den Anforderungen des öffentlichen Lebens ab und widmete die ihr verbleibenden Jahre der Aufgabe, ihrer Schwester das fehlende Augenlicht zu sein. »Sie hat mir ihr Leben geopfert«, sagte Fanny später über sie.

Für den Rest ihres Lebens wurde Carrie Fannys Sekretärin. Sie las ihr die ganze Post vor, die in Fannys »Postfach 840« im Postamt von Bridgeport ankam, und schrieb die von Fanny diktierten Antworten. Jeden Morgen gab sie dort auch die Lieder und Gedichte ab, die »Schwester Fan« in der Nacht zuvor geschrieben hatte. Später nahm Carrie die Dienste einer jungen Frau namens Eva G. Cleaveland in Anspruch, die sie bei ihren Aufgaben erheblich entlastete, anfangs jedoch leistete Carrie alleine die Arbeit, die der von zwei oder drei professionellen Sekretärinnen in den Büros von Biglow und Main entsprach.

Carrie war ein frommes Mitglied der Ersten Baptistenkirche in Bridgeport. Fanny ging gelegentlich mit ihr dorthin, aber da sie Methodistin war, ging sie öfter mit Jule in die Erste Methodistenkirche. Obwohl sie erst vier Jahre später offiziell dort Mitglied wurde, war Fanny von Anfang an in dieser Gemeinde aktiv. Sie arbeitete bei den »Königstöchtern« mit, einer mit der Kirchengemeinde verbundenen Wohltätigkeitsorganisation, die ein Krankenhaus führte und für die Armen Essen, Kleidung und Kohle zur Verfügung stellte.

Fanny wurde außerdem aktiv in der Christlichen Union Bridgeports, einer Einrichtung, die demselben Zweck diente wie die Rettungsmissionen in New York. Jede Nacht gab es einen Gottesdienst für alle Obdachlosen und Trinker, die sich als Zuhörer zusammentrommeln ließen. Wenn sie in der Stadt war, war Fanny mehrmals pro Woche die Hauptrednerin.

Knapp zwei Monate nach ihrem Umzug nach Bridgeport fuhr Fanny im August nach Northfield. Wie immer wohnte sie bei Ira und Fanny Sankey. Sie besuchte Moodys Witwe Emma und zum letzten Male Daniel Whittle, der aufgrund einer qualvollen Knochenkrankheit im Sterben lag.

Fanny sprach in diesem Jahr während der Northfield-Zusammenkunft und wurde von Sankey zum Rednerpult geleitet. Als die Tagung vorüber war, fuhr Fanny zum Tully-Lake, und Sankey reiste mit seiner Frau nach Großbritannien zu einer neuerlichen Evangelisation.

Als er in Irland ankam, war er guter Laune und schrieb Fanny, dass er den Atlantik »ohne Krankheit, ohne Sorgen, ohne Seufzen« überquert hatte. In Belfast erzählte er so oft von Fanny, dass ihm ein wohlhabender Geschäftsmann fünf Pfund in Gold für sie schenkte.

Als er jedoch im Januar zurückkam, war er vollkommen erschöpft und fuhr mit seiner Frau zu einer Kur in das Kellogg-Sanatorium in Battle Creek im Staat Michigan. Fanny schrieb ihm einen Brief in Versform:

But, oh, a sanitarium fare –
No coffee? Well, I do declare
'Tis rather hard, it seems to me;
But doctors say – and they agree –
The sacrifice is right to make
When ordered for the stomach's sake.

Aber, ach, eine Sanatoriumskost –
kein Kaffee? Na, ich sag es frei,
es erscheint mir ziemlich hart;
aber die Ärzte sagen – und darin sind sie sich einig –
dass dieses Opfer gebracht werden muss,
wenn es das Wohlergehen des Magens erfordert.

Die Sankeys kehrten bald darauf aus Michigan zurück, aber die Karriere des »Süßen Sängers Israels« stand kurz vor ihrem Abschluss. Man erinnerte sich seiner zwar, aber nur noch als einer Persönlichkeit aus der Vergangenheit. Es war, als ob er schon tot gewesen wäre. Dennoch akzeptierte er es und fuhr mit der einzigen Arbeit fort, zu der er noch in der Lage war: dem Schreiben von Erweckungsliedern. Fanny belieferte ihn mit vielen Gedichten. »He Who Safely Keepeth« ist eines der lieblichsten Lieder der beiden aus dieser Zeit.

Fanny schrieb auch immer noch für Phoebe Knapp. Die reiche Witwe, strahlend in seidenen Gewändern und mit Diamantendiademen, ging auf die siebzig zu, aber sie hatte das Gesicht und den Körper einer Frau von vierzig.

Sie hatte beschlossen, dass sie und Fanny ihre zukünftigen gemeinsamen Werke als lose Notenblätter veröffentlichen sollten. Auf diese Weise würde Fanny aus ihren Arbeiten mehr Gewinn ziehen können, als wenn sie von einer Musikgesellschaft gekauft und veröffentlicht wurden. Da sie das Urheberrecht für das Notenblatt besaß, konnte sie entsprechend der Popularität des jeweiligen Gedichts davon profitieren. Fanny bestand darauf, dass das Urheberrecht Phoebes Eigentum sein solle, aber die Witwe stellte sicher, dass der Erlös vollständig an ihre blinde Freundin ging.

Fanny belieferte Allan Sankey und Hugh Main immer noch mit Erweckungsliedern, die diese nicht mehr in dicken Gesangbüchern, sondern in Sammlungen von jeweils sechs, sieben oder acht Erweckungsliedern veröffentlichten. Howard Doane jedoch bereitete ein neues komplettes Gesangbuch vor, das er *Andachtslieder* nennen wollte. Um ihn dabei zu unterstützen, fuhr Fanny in sein Sommerhaus in Watch Hill im Staat Rhode Island und verbrachte dort die erste Julihälfte.

Während sie in Doanes Haus zu Besuch war, erhielt Fanny ein Telegramm mit der Nachricht von Vans Tod. Ihr Ehemann, den sie regelmäßig besuchte und mit dem sie immer noch eine freundschaftliche Beziehung verband, war seit mehr als einem Jahr krebskrank gewesen und hatte im letzten Monat eine plötzliche Lähmung erlitten. Die Underhills hatten ihn während dieser letzten Krankheit treu gepflegt.

Fanny war untröstlich. Ihre Gedanken wanderten zurück zu jenem Junitag vor fast einem halben Jahrhundert, als »die Stimme der Liebe« zum ersten Mal in ihnen sprach und »die ganze Welt sich verändert hatte«, als sie beide »nicht länger blind waren, denn das Licht der Liebe zeigte uns, wo die Lilien blühten und wo die kristallklaren Wasserläufe ihre moosbesetzte Quelle finden«. Obwohl sie schon seit Jahren nicht mehr zusammen gewesen waren, liebten sie einander auf gewisse Weise bis zum Ende.

Das Leben beginnt mit achtzig

Fanny war ebenso oft unterwegs, wie sie daheim war. Wenn sie in Bridgeport war, hatte sie donnerstags ihren Tag der offenen Tür, was bedeutete, dass jedermann die berühmte Liederdichterin besuchen und sich mit ihr unterhalten konnte. Den Rest ihrer Zeit verbrachte sie mit ihrer Arbeit bei den »Königstöchtern« und der Christlichen Union. Sogar mit mehr als achtzig Jahren fand Fanny kaum Zeit zum Ausruhen. Dies sei etwas für alte Leute, so sagte sie, und sie sei jung.

Fanny hatte eines der erfreulichsten Erlebnisse ihres Lebens im November 1903. Sie war gerade in Lynn im Staat Massachusetts und hielt eine Rede. Wie immer erzählte sie Geschichten darüber, welche Eingebungen sie zum Schreiben bestimmter Erweckungslieder angeleitet hatten. Bei dieser Gelegenheit berichtete sie, wie sie zu »Suche vom Grabesrand Seelen zu retten!« inspiriert worden war durch einen jungen Mann, welcher ausgerufen hatte: »Nun kann ich meine Mutter im Himmel treffen, denn jetzt habe ich ihren Gott gefunden!«

Nach der Versammlung kamen verschiedene Leute zu ihr, um ihr die Hand zu schütteln. Unter ihnen war ein Mann, dessen Stimme noch mehr zitterte als seine Hand. Fanny war sprachlos vor Verblüffung, als er erklärte: »Miss Crosby, *ich* war der Junge, der Ihnen vor über fünfunddreißig Jahren erzählt hat, dass ich mich vom Gott meiner Mutter entfernt hatte. An dem Abend, an dem Sie ihre Rede hielten, suchte und fand ich Frieden und ich habe mich seitdem bemüht, ein konsequent christliches Leben zu führen. Wenn wir uns auch hier auf Erden niemals wieder sehen, so doch im Himmel.«

Er ging, ohne ihr seinen Namen zu nennen. Fanny war tief bewegt von diesem »namenlosen Freund, der eine tiefe Saite der Zuneigung in meinem Herzen zum Klingen brachte«.

Im Januar begab sich Fanny in Begleitung ihrer Nichte Ida Leschon auf eine aufreibende Vortragsreise. Sie reisten zuerst nach Philadelphia, wo Fanny eine Reihe evangelikaler Versammlungen leitete. Dann wandten sie sich nach Norden, zuerst nach Albany im Staat New York und dann nach Rochester. Fanny war nun eine nationale Berühmtheit auf dem Gipfel ihres Ruhms. Eine Zeitung in Rochester stellte fest, dass in den Vereinigten Staaten kaum ein Gottesdienst abgehalten wurde, ohne dass wenigstens eines ihrer Erweckungslieder gesungen wurde.

Was allen auffiel, die die blinde Rednerin sahen und hörten, war ihre jugendliche Art. Ihr Gesicht und ihre Gestalt verrieten ihr Alter, aber ihre Stimme, ihr Geist und ihre Bewegungen waren die einer Frau in der Blüte ihrer Jahre. Reporter gaben an, dass »Madame Crosby« als zwanzig Jahre jünger durchgehen könnte, als sie tatsächlich war.

Fanny und Ida kamen nur für wenige Tage nach Bridgeport zurück, dann war es Zeit, nach New York zu reisen. Der 2. Februar war der vierzigste Jahrestag ihrer Zusammenarbeit mit Biglow und Main und bot Gelegenheit für eine besondere Feier in der Firma. Viele ihrer alten Freunde und Kollegen waren bei dem Bankett dabei, das Louise Main und Fanny Sankey vorbereitet hatten. Doane war da, der fröhliche alte »Professor« Kirkpatrick und George Stebbins. Viele Leute kamen, um die Dichterin zu ehren, die mehr als irgendjemand sonst dazu beigetragen hatte, Biglow und Main zu einem der führenden Verlage von Kirchenmusik in der Englisch sprechenden Welt zu machen. Fanny wurde eine goldene Brosche überreicht, die mit Perlen besetzt war.

Obwohl so mancher beklagte, dass die Firma Fanny überlastet hatte, war sie selbst doch froh gewesen, die schlecht bezahlte Arbeit zu tun, auch wenn es sie ihr Talent zum Schreiben wahrhaft guter Poesie kostete. Es war eine Arbeit, die sie für den Herrn leistete, und sie dankte ihren Freunden für »vierzig Jahre voller Segnungen, Frieden und Ruhe, wie der Tau Hermons und die Frische auf den Bergen von Zion«.

Zwei von Fannys guten Freunden waren nicht anwesend, und eine davon war ihre Gastgeberin in New York. Während ihrer Besuche in New York wurde Fanny offenbar immer von Phoebe Knapp im Hotel Savoy untergebracht. Phoebe stand mit Hugh Main auf Kriegsfuß wegen Carletons Veröffentlichungen in den späten neunziger Jahren des letzten Jahrhunderts. Sie hatte sich seitdem noch mehr zur unerwünschten Person gemacht, indem sie dauernd erklärte, dass Fanny unterbezahlt sei, und auch, indem sie Freunde aus den gehobenen Kreisen der Methodistenkirche dringend um Geld für die Liederdichterin bitten und öffentlich erklären ließ, dass Fanny mittellos und in ärmlichen Verhältnissen lebe. Aber da Ira Sankey für Fannys und Carries Unterkunft in Bridgeport zahlte und Hugh Main dafür gesorgt hatte, dass alle Tantiemen aus *Abendglocken*, das immer noch gedruckt wurde, an Fanny gingen, waren ihre

Freunde bei Biglow und Main zunehmend verärgert über das Benehmen der reichen Witwe.

Während sie bei Phoebe war, arbeitete Fanny an verschiedenen neuen Liedern, die als Notenblätter veröffentlicht werden sollten. Carrie erkundigte sich, wann Fanny wieder daheim in Bridgeport zurück erwartet werden konnte, und Phoebe antwortete:

Ich kümmere mich bestens um unsere liebe Fanny – die wir beide lieb haben. Jedes Mal, wenn sie mich besucht, bin ich so zufrieden (wie nie zuvor), dass jemand in Bridgeport sich um die persönlichen Interessen der lieben Fanny kümmert – und das macht mich wirklich glücklich!
... Ich kann sie einfach nicht vor dem nächsten Freitagnachmittag heimfahren lassen – ich brauche sie jetzt, und sie genießt die Tage hier. Ich hoffe, von Herzen, dass es Ihnen gut geht ...

Ihre Freundin
Mrs. J. F. Knapp

Bevor sie aus New York abreiste, besuchte Fanny ihren anderen alten Freund, der nicht bei dem Bankett dabei gewesen war, Ira Sankey. Seit mehr als einem Jahr war er blind, saß still und tief deprimiert in seinem Haus in Brooklyn, lebte mit seinen Erinnerungen und wartete auf den Tod. Er litt an grünem Star. Eine Operation war erfolglos. Er wies seine Familie an, Gerüchte, dass er blind geworden sei, als haltlos zu bezeichnen, denn er hoffte, dass er sich wieder erholen würde und wollte seine Freunde nicht unnötig aufregen. Als sich jedoch die Gerüchte verdichteten, beriefen seine Söhne Allan und Edward in der ersten Märzwoche eine Pressekonferenz ein und bestätigten, dass ihr Vater sein Augenlicht verloren hatte.

Fanny war am Boden zerstört, als sie erfuhr, dass ihr Freund, ebenso wie sie, seines Sehvermögens beraubt war. Sie schaffte es, seine Stimmung etwas zu heben, aber er komponierte nicht mehr und trat nicht mehr in der Öffentlichkeit auf. Sankey verbrachte den Rest seiner Tage in seinem Schlafzimmer, wo er seinen Erinnerungen nachhing oder vor seinem Harmonium sitzend, auf dem er immer wieder die Lieder aus glücklicheren Tagen spielte.

Im Frühling des Jahres 1904 reiste Fanny herum und predigte, hielt Reden und erzählte ihre Lebensgeschichte. Immer wenn sie in Bridgeport war, war sie damit beschäftigt, Ansprachen bei der Christlichen Union zu halten, bei den »Königstöchtern« mitzuarbeiten und die anscheinend endlosen Ströme von »Pilgern« zu empfangen, die über sie hereinbrachen, wenn sie in der Stadt war. Obwohl ihr offizieller Empfangstag der Donnerstag war, schickte sie nie einen Besucher weg.

Anfang Juni fuhren Fanny und Carrie nach Buffalo, wo sie die Hauptrednerin bei einer Tagung des »Christian Endeaver (EC)« war. Trotz ihres vorgerückten Alters sprach sie dreimal täglich, oft zu einem Publikum von mehr als dreitausend Zuhörern. Sie hielt nicht nur Predigten, sondern auch Reden über die Missionsarbeit und die Methoden des Liederdichtens.

Bei all ihren Auftritten in Buffalo bewegte Fanny ihre Zuhörer zutiefst, jedoch nie so sehr wie an dem Abend, als sie sich impulsiv erhob und in den Gesang des Solisten einfiel. Ein Bariton namens Jacobs sang »Saved by Grace«, das immer noch enorm beliebt war. Fanny, die später sprechen sollte, saß hinter ihm auf der Bühne. Als Jacobs zur dritten Strophe kam, sprang Fanny auf und fing an zu singen: »Eines Tages, wenn die goldene Sonne verblasst. Unter dem rosig angehauchten Westen ...« Die Töne klangen anfangs »zitternd und stockend«, wie es von einer Achtzigjährigen zu erwarten war, und Jacobs senkte seine machtvolle Stimme, damit das Publikum die ihre hören konnte. Aber ihre Stimme wurde mit dem Refrain höher und stärker »Und ich werde Ihn von Angesicht zu Angesicht sehen ...«. und erfüllte die Halle und hielt das Publikum mit ihrer Schönheit und ihrem Pathos gefangen.

Nicht nur mit ihren vorbereiteten Reden und Predigten, sondern auch mit solchen spontanen Handlungen nahm die zierliche alte Dame in altmodischer Kleidung die Herzen für sich und für das von ihr verkündete Evangelium ein.

Von Buffalo aus fuhr Fanny nach Binghampton und unterbrach ihre Reise mehrfach, um Reden zu halten. Die Leute waren beeindruckt von ihrer Vitalität. Sie erstaunte sogar Carrie, die mehr als zwanzig Jahre jünger als ihre Schwester war und feststellte: »Sie schafft es, alle in ihrer Gegenwart zu ermüden und dann frisch und munter heim zu gehen!«

Fanny dachte, dass sie »jung« bleiben würde, solange sie sich Beschäftigung suchte. Sie wiederholte oft, dass sie bezweifelte, dass sie noch ein weiteres Jahr leben würde, wenn man sie zur Aufgabe ihrer Arbeit zwingen würde.

Fanny fuhr in diesem Jahr anscheinend nicht nach Ocean Grove oder nach Northfield. Emma Moody war in der Zwischenzeit verstorben, und ohne Whittle und Sankey, der an sein Haus in Brooklyn gefesselt war, hatten die Bibeltagungen ihren Reiz für sie verloren.

Sie fuhr jedoch zum Tully-Lake und nahm am »Runden Tisch« teil. Außerdem stattete sie dem Indianerreservat ihren alljährlichen Besuch ab. In diesem Jahr wurde ihr und Eliza Hewitt die große Ehre zuteil, in den Aal-Clan des Onondaga-Stammes aufgenommen zu werden. Fanny war schon immer »äußerst interessiert« gewesen am Wohlergehen der amerikanischen Indianer, und die Aufnahme in den Onondaga-Stamm entzückte sie. Da sie jetzt eine »echte Indianerin« war, begann sie, Stammeserzählungen der Onondagas zu sammeln und flocht diese auch oft in ihre Reden und Predigten ein.

Fanny reiste auch für eine Woche nach East Orange im Staat New Jersey, wo sie mit Carrie Freunde besuchte. Von dort aus besuchte sie Sankey, sprach zu »ihren Männern« in dem Marine-CVJM in Brooklyn und leitete eine evangelistische Versammlung des Eisenbahnerzweiges des CVJM im Lokomotivschuppen der Lackawanna-Eisenbahngesellschaft in Hoboken im Staat New Jersey.

Nachdem sie »braun gebrannt und fröhlich« wieder in Bridgeport angekommen war, blieb sie gerade lange genug dort, um sich auf ihre Herbstreisen vorzubereiten; dann war sie nach Neu-England entschwunden. Mit vierundachtzig schien Fanny ebenso viel Energie zu besitzen wie Carrie mit sechzig und Ida mit fünfundvierzig. Die beiden jüngeren Frauen mussten sich als ihre Reisebegleiterinnen abwechseln.

Fanny bemühte sich immer, an zwei Anlässen zuhause zu sein: am Geburtstag ihrer Mutter und an Weihnachten. Sie, Carrie, Jule und Ida feierten Mercys Geburtstag weiterhin, als wäre sie noch am Leben. Die Schwestern und Ida stellten eine Vase mit frischen Blumen unter Mercys riesiges Foto und deckten einen Platz am Tische für die Verstorbene. Fanny rezitierte dann das Gedicht, das sie immer noch jedes Jahr zu Ehren ihrer lieben Mutter verfasste.

Weihnachten war ein fröhlicher Anlass. Es gab ein Familienfestessen, und Tante Fanny belebte die Gesprächspausen mit spontan verfassten humoristischen Gedichten. Während die Kinder sich am Nachmittag ausruhten, bastelte Tante Fanny kleine Geschenke für den »Wühlsack«, der für die Abendunterhaltung gefüllt wurde. Sie verfasste auch lustige kleine Gedichte, die vervielfältigt und an alle Familienmitglieder verteilt wurden.

Sie liebte es, mit den Kindern zu spielen. Bei einer Gelegenheit bettelte ihr Großneffe Ralph Booth darum, dass sie mit ihm eine Schlittenfahrt machen solle. Zum Entsetzen seiner Eltern setzte sich Tante Fanny auf das Gefährt und ließ sich von ihm im Hinterhof durch den Schnee ziehen.

Anfang März 1905 unternahmen Fanny und Carrie eine Vortragsreise, die mehr als zwei Wochen dauerte. Am fünften des Monats sprach sie bei dem CVJM in Finchburg im Staat Massachusetts zu siebenhundertfünfzig Leuten, die sich in eine Halle zwängten, die nur für 650 Besucher gebaut worden war. Das Publikum sang mehrere ihrer Erweckungslieder, bevor ein Geistlicher aus der Gegend einen Abschnitt der Heiligen Schrift vorlas und Fanny nach vorne schritt, wobei sie ein kleines Buch fest in ihren Händen hielt. Sie hielt keine eigentliche Rede oder Predigt, sondern erzählte wie so oft aus ihrem Leben, wie Gott ihr geholfen hatte bei der Überwindung ihrer Behinderung und sie zu ihren Erweckungsliedern inspiriert hatte.

Als Nächstes reiste sie in den westlichen Teil des Staates New York, wo sie bei einer Massenveranstaltung des Eisenbahner-CVJM sprach. In Rochester hielt sie einen Vortrag vor dem Frauenzweig des CVJM; dort bezeugte ihr Mrs. Caroline Atwater Mason (1853–1939), eine bekannte Autorin religiöser Novellen, ihre Hochachtung. Nach einer evangelikalen Predigt in einer Rettungsmission reisten Fanny und Carrie weiter westwärts. Unterwegs besuchten sie die Blindenschule in Batavia. Dann wandten sie sich wieder nach Osten zu einer Rede vor dem Eisenbahner-CVJM in Albany.

Am 24. März wurde Fanny fünfundachtzig. Ihr zu Ehren beschloss eine Gruppe New Yorker Geistlicher, durch Hugh Main und Allan Sankey ermutigt, am 26. März einen »Fanny-Crosby-Sonntag« in den Kirchen durchzuführen. Adelbert White war der Sekretär des »Komitees für den Fanny-Crosby-Tag« und Mrs. Ann Cobham, die von Fanny häufig in Warren im Staat Pennsylvania besucht wurde, war die Assistentin. Die Feierlichkeit wurde landesweit abgekündigt. Dr. Louis Klopsch, Herausgeber des weit verbreiteten *Christian Herald*, setzte sich dafür ein, dass am geplanten Sonntag alle christlichen Kirchen die greise Liederdichterin ehren sollten. Ausschließlich ihre Erweckungslieder sollten gesungen werden, und Pfarrer und Priester aller Konfessionen sollten über ihr Leben als christliches Vorbild predigen. Eine »Liebeskollekte« sollte in allen Kirchen, die ihren Ehrentag begingen, für sie eingesammelt werden.

Fanny war völlig verwirrt, als sie von der Ehre erfuhr, aber sie unternahm nichts, um die Pläne zu stoppen. »Ob ich mich darüber freue?«, stellte sie sich die rhetorische Frage. »Sicherlich. Wer würde sich nicht freuen? Solange nur diejenigen mein Werk feiern, die meine Lieder lieben, werden sowohl die Feier als auch die Kollekte wie die krönende Segnung am Ende eines langen und arbeitsreichen Lebens sein!« Sie wollte sicherstellen, dass man Gott und nicht ihr die Ehre gab.

Der Fanny-Crosby-Tag wurde nicht nur in Amerika, sondern auch in England und in so fernen Ländern wie Indien und Tasmanien begangen. Auf vielerlei Weise wurde ihr Ehrerbietung bezeugt, unter anderem durch Briefe von einfachen Menschen und aus Orten, die sie niemals besucht hatte. Eine Dame aus Mississippi schickte selbstgepflückte Blumen. Grover Cleveland lobte in Princeton ihre »fortwährende und uneigennützige Arbeit zur Steigerung der Menschlichkeit und des Aufzeigens des Weges zur Dankbarkeit für Gottes Güte und Barmherzigkeit«.

Fanny nahm an einem Empfang teil, den Hugh Main einige Tage vorher für sie gab. An ihrem Geburtstag erschien sie zu einem Empfang in der Ersten Methodistenkirche in Bridgeport. Sie sah aus wie eine »zarte Blume« und wurde zu einem besonderen Kirchenstuhl geführt, der mit der amerikanischen Flagge geschmückt war. Da sie unter starken Kopfschmerzen litt, erzählte sie kurz von ihrem Gott, »dem Sonnenschein meiner Seele«, dankte ihrem Publikum mit warmen Worten für seine Liebe und segnete es, bevor sie sich wieder setzte. Der Chor sang ein Erweckungslied, das sie zu diesem Anlass geschrieben hatte: »O Land of Joy Unseen« und das von dem Gemeindeglied Fred King vertont worden war. Am Sonntag hielt sie die Abendandacht in der Ersten Baptistenkirche, die Carries Gemeinde war. Die Menge war so groß, dass sie nicht nur das große Gotteshaus, sondern auch noch die Sonntagsschulräume füllte.

Als die landesweiten Festlichkeiten abgeklungen waren, war sie die Empfängerin einer Liebeskollekte von mehreren tausend Dollar. Diesmal wies sie das Geld nicht zurück. Sie war überwältigt von den Zeichen der Liebe einer ganzen Nation, und ihr Herz war »erfüllt«, als sie frohlockte: »Ja, ich habe ein stattliches Erbe!«

»Der Fall der Mrs. Crosby«

Im Herbst 1905 war Fanny wieder unterwegs, um in Massachusetts und in New Jersey Vorträge zu halten. Während der Zeit, die sie daheim verbrachte, beschäftigte sie sich damit, ihrer Autobiographie *Erinnerungen aus achtzig Jahren* den letzten Schliff zu geben. Dieses scheinbar harmlose Vorhaben hatte eine stürmische Geschichte, die einige Jahre zuvor begonnen hatte.

Da sie eine international bekannte Persönlichkeit war, die ein langes und interessantes Leben geführt hatte, ist es verständlich, dass sie von vielen Leuten zum Schreiben ihrer Autobiographie gedrängt wurde. Mit den Jahren waren Teile ihrer Lebensgeschichte in verschiedenen Magazinen und Zeitschriften erschienen. Lowry hatte ein kurze Zusammenfassung ihrer Lebensgeschichte als Einleitung zu *Abendglocken* geschrieben, und zwei oder drei Jahre später waren Will Carletons Artikel in seinem Magazin *Every Where* erschienen. Fanny war so bescheiden, dass sie nicht verstehen konnte, warum irgendjemand an ihrem Leben interessiert sein sollte, aber Adelbert White überzeugte sie von einem echten öffentlichen Interesse. Er und Carrie boten ihr Hilfe an beim Zusammenstellen des Bandes. Deshalb sandte Fanny White im April 1903 zum New Yorker Blindeninstitut zum Einholen von Informationen über die Jahre, die sie dort verbracht hatte.

Schwierigkeiten ließen nicht lange auf sich warten. Carleton, der das Interesse der Öffentlichkeit an der Autobiographie von Fanny Crosby kannte, erzählte Fanny von seinen Absichten, seine Artikel über sie in Buchform zusammenzustellen. Er bot ihr dieselben Tantiemen, die er vom Harper Verlag für seine eigenen Gedichtbände erhielt, aber Fanny teilte ihm mit, dass sie absolut kein Interesse an den Tantiemen habe und gab ihm die Erlaubnis, die Autobiographie zu entwerfen. Sie hätte es zwar vorgezogen, ihre eigene Biographie zu schreiben, aber sie zögerte, Carleton die Erlaubnis zu verweigern, mit seinen Artikeln nach seinen Wünschen zu verfahren.

Dies gefiel White und dem Personal von Biglow und Main nicht. Nicht allein, dass ihre Freunde der Meinung waren, dass Fanny ihre eigene Biographie schreiben solle, sie erinnerten sich auch an die Verärgerung, die Carletons Artikel bei ihrer

Veröffentlichung hervorgerufen hatten und wie sie den Verkauf von *Abendglocken* beeinträchtigt hatten. Sie hatten den Verdacht, dass *Fanny Crosbys Lebensgeschichte, von ihr selbst erzählt* schlicht ein einträgliches Projekt war, das Carleton zu seinem eigenen finanziellen Vorteil in die Wege leitete.

Nicht unerwartet mischte sich Phoebe Knapp ein. Sie war unzufrieden mit allem, was irgendjemand in Verbindung mit Biglow und Main je für Fanny getan hatte. Sie nahm die Hilfe des Methodistenbischofs Charles Caldwell McCabe (1836–1906) in Anspruch, der ein Freund von Phoebe und Fanny war. Offensichtlich erzählte Phoebe ihm, dass Fanny mittellos sei. McCabe fing an, öffentlich zu behaupten, dass Fanny in einer ernsten finanziellen Notlage sei und »gewillt war, finanzielle Unterstützung anzunehmen«. McCabe fragte Fanny nicht nach ihrer Meinung, außer, ob sie gewillt sei, »einen Beweis der Liebe und Bewunderung« des amerikanischen Volkes anzunehmen. Fanny konnte dies schlecht ablehnen. Es wurde ihr nicht erklärt, dass dieser »Beweis« den Geldbörsen ihrer Bewunderer aufgrund eines »Armutseingeständnisses« entlockt wurde.

McCabe und Phoebe überzeugten Carleton, »Verlagswerbung« zu *Fanny Crosbys Lebensgeschichte* kursieren zu lassen. Diese Werbung erweckte den Eindruck, dass die »arme Tante Fanny« keine Wohnung hatte und dass die Einkünfte aus dem Buch den Kauf eines Heims für sie unterstützen würden.

Carletons *Fanny Crosbys Lebensgeschichte, von ihr selbst erzählt* zog wie ein bleierner Ballon an Fannys Verlegern vorbei. Der Text sagte nichts Nachteiliges über sie, aber er sagte auch nichts Positives über die Firma und ihre Angehörigen, außer dass Fanny freundliche, »sogar herzliche« Beziehungen zu ihnen hatte. Das Buch befasste sich hauptsächlich mit Fannys jungen Jahren vor ihrer Zusammenarbeit mit Biglow und Main. Main, Doane und andere beklagten sich entrüstet, dass ihnen nicht die Anerkennung zuteil wurde, die ihnen für ihren Anteil an Fannys Karriere zustand.

Fannys Freunde hatten ernsthafte Gründe für ihre Kritik an Carletons Buch. Anfänglich hatte Carleton Fanny fünfundzwanzig Prozent der Einnahmen versprochen, aber aus verschiedenen Gründen kürzte er ihren Anteil auf zehn Prozent. Die meisten von Fannys Freunden hatten den Eindruck, dass nicht Biglow und Main Fanny ausnützten, da sie ihr ja den gesamten Profit aus *Abendglocken* zukommen ließen, sondern

Carleton. Sie waren zornig darüber, dass die *Lebensgeschichte* fast ein Jahr nach ihrer Veröffentlichung Fanny lediglich zweihundertfünfundachtzig Dollar an Tantiemen gebracht hatte.

Besonders White und Carrie waren besorgt um die Zukunft von Fannys eigener Biographie, die die Dichterin nach wie vor zusammenstellen wollte. Wenn sie damit beginnen würde, wollten sie eine ähnliche Abmachung wie bei *Abendglocken* treffen, wodurch alle Erträge aus dem Buch an sie gehen sollten. Die Veröffentlichung von Carletons Biographie würde zweifellos die Absatzmöglichkeiten von Fannys eigener Erzählung einschränken.

Fanny versuchte sich aus der heftigen Auseinandersetzung herauszuhalten, die ihr sicherlich peinlich war. Es war ihr egal, ob sie zehn Prozent, fünfundzwanzig Prozent oder gar nichts erhielt.

Laut Carletons Biograph sagte sie zu Carleton »mit jener für sie typischen vollkommenen Aufrichtigkeit und Großzügigkeit, dass die Artikel sein Eigentum seien, da er sie geschrieben habe«. Dennoch war sie betroffen, denn die »Autobiographie« enthielt wenig über ihr Leben, nachdem sie Liederdichterin geworden war. Sie hatte das Gefühl, dass sie der Öffentlichkeit ein genaueres und vollständiges Bild schuldete.

Fanny hatte außerdem etwas gegen die Andeutung, dass sie durch den Geiz von Biglow und Main in Armut lebe. Falls sie jemals arm gewesen war, dann aus freien Stücken. Jetzt, da sie in Bridgeport wohnte, hatte sie den Eindruck, dass sie dank Sankeys Freundlichkeit in fast peinlichem Luxus lebte.

Im Dezember überzeugten White und Doane Fanny, eine Stellungnahme im weit verbreiteten christlichen Magazin *Watchman* abzugeben. Sie besagte, dass die Carleton-Zusammenstellung »besonders in Bezug auf die letzten vierzig Jahre meines Lebens keine angemessene Biographie« sei. Sie verwarf den veröffentlichten Hinweis, »dass das Buch verkauft wird, um Geld für den Kauf eines Hauses für mich zu sammeln«.

Sie schickte einen Brief an den Herausgeber einer anderen christlichen Zeitschrift, der sich mit der Tatsache auseinandersetzte, dass Bischof McCabe Geld für sie gesammelt hatte. Sie habe ihm zwar erlaubt, von ihren Freunden einen »Beweis ihrer Liebe« zu erbitten, aber ihr war dabei nicht bewusst gewesen, dass sich dieser Aufruf auf das »Eingeständnis ihrer Armut« gründen würde.

Sogar Ira Sankey meldete sich zu Wort. Als er von dem »Fall der Mrs. Crosby« hörte, wie Doane es genannte hatte, war er so zornig, dass er seine letzte öffentliche Stellungnahme in einem kurzen Artikel im Magazin *The Christian* abgab. Er deutete an, dass die Carleton-Sache satanischen Ursprungs sei.

»Der Fall der Mrs. Crosby« wurde kurz vor dem Fanny-Crosby-Tag 1905 beendet; Carleton, der angenommen hatte, dass die gegen ihn gerichtete Aufregung einfach das Werk von »interessierten Freunden« sei, wurde bewusst, dass Fanny selbst verletzt war, und so hörte er mit den Lesungen und der Werbung für das Buch auf. Auf dem Höhepunkt der Kontroverse war überraschend seine Frau verstorben, und es war ihm nun auch recht, dass die Sache beendet wurde. Weder Carleton noch der Bischof noch Phoebe hatten irgendwelche arglistigen Absichten, sondern waren wohlmeinend bemüht, Fanny zu helfen. Ihr war dies bewusst und sie hatte zu allen dreien auch weiterhin ein gutes Verhältnis.

Im Winter 1904/1905 bearbeitete Fanny den größten Teil ihrer Autobiographie *Erinnerungen aus achtzig Jahren*. Sie wurde dabei unterstützt von Carrie und der Stenographin Eva Cleaveland, die das von ihr Diktierte aufschrieb, sowie von Adelbert White, der ihre unzusammenhängenden Erinnerungsstücke zu einer fortlaufenden Erzählung zusammenstellte. In der Autobiographie betonte sie ihre Erweckungslieder und deren Entstehungsgeschichten. Sie erzählte auch von Fällen, in denen einzelne Lieder Menschen geholfen haben.

Erinnerungen aus achtzig Jahren wurde – wie so viele von Fannys Werken – in Hast geschrieben, und dies schadete ihm entsprechend. Als es 1906 in Druck ging, war es immer noch in vieler Hinsicht unklar und unzusammenhängend. Es lobte diejenigen, mit denen sie im Laufe der Zeit eng zusammengearbeitet hatte, und es ging kurz auf das Dichten ihrer Lieder und ihre Heimatmissionsarbeit ein, aber es war weniger interessant, weniger lesenswert und weniger in sich abgeschlossen als Carletons Buch. Die Artikel, aus denen Carleton das Buch zusammenstellte, waren von Fanny unter entspannteren Bedingungen und unter weniger Druck vorbereitet worden. Deshalb ist der ältere Bericht in vieler Hinsicht lebendiger, geistreicher und etwas zusammenhängender.

Ebenso wie bei *Abendglocken* gingen alle Erträge an Fanny. Grover Cleveland trug zur Verlagsankündigung eine schriftliche Empfehlung bei. Der alternde Doane, mit blauen Lippen, wässrigen Augen und zittrig, hielt eine Reihe von Werbevorträgen für Fanny, ebenso wie Carleton bei der *Lebensgeschichte*. Obwohl der Gesamtverkauf für White enttäuschend war, ergab er für Fanny ungefähr eintausend Dollar.

Dank der Autobiographien, der Spenden aus den Vorträgen von Carleton und Doane und der Liebeskollekte vom Fanny-Crosby-Tag wurde Fanny, wenn auch ungewollt, aus der Armut praktisch in den Wohlstand katapultiert.

Sie veränderte ihren Lebensstil nicht; das erhöhte Einkommen bedeutete ganz einfach, dass sie mehr zum Verschenken hatte. Sie sparte auch etwas Geld, aber nur zu dem Zweck, dass sie ihren Angehörigen etwas hinterlassen konnte, wenn sie starb.

»Tante Fanny«, wie man sie jetzt allgemein nannte, schrieb nun weniger Erweckungslieder. Sie hatte ihre mengenmäßige Leistung von etwa zweihundert Liedern pro Jahr auf ungefähr fünfzig reduziert und sollte diese Quote für den Rest ihres Lebens beibehalten. Biglow und Main gaben weniger neue Liederbücher heraus. Die meisten ihrer Gesangbücher enthielten jetzt Neuauflagen von bereits früher erfolgreichen Liedern. 1903 schrieb Fanny mehr als siebzig Lieder für Funk und Wagnalls *Ehre sei Gott*-Sammlung, aber dies war das einzige zusätzliche Buch, für das man sie um einen Beitrag bat.

Nach der Veröffentlichung von *Erinnerungen aus achtzig Jahren* waren Fannys Tage damit ausgefüllt, sich um ihre Schwester Carrie zu kümmern. Im Sommer 1906 erkrankte Carrie an Darmkrebs. Sie wurde nach und nach schwächer, bis sie nicht mehr für sich selbst sorgen konnte und Fanny auch nicht. Die beiden Frauen mussten aus dem Becker-Haus ausziehen und bei ihrer Nichte Florence Booth, geborene Morris, wohnen. Florence und Henry Booth und ihre beiden fast erwachsenen Kinder lebten in einem schönen Haus an der Wells Street. Carrie starb im folgenden Juni im Alter von dreiundsechzig Jahren.

Viele ihrer Freunde sorgten sich um Fannys Wohlergehen, da sie wussten, wie nahe sie und ihre jüngere Schwester sich gestanden hatten. Tatsächlich war Fanny durch Carries Tod niedergeschmettert. Kaum war sie beerdigt, als sie schon der nächste Schlag traf: Jules Tochter Ida starb im September mit achtundvierzig Jahren.

Obwohl Fanny der Verlust ihrer Schwester und ihrer Nichte stark zu schaffen machte, weil sie ihr im vorgerückten Alter so viel Gesellschaft geleistet hatten, fand sie sich damit ab und sagte: »Nun denn, es ist Gottes Wille, und sie sind jetzt viel glücklicher.«

Die protestantische Heilige

Fanny sollte den Rest ihres Lebens bei den Booths in der Wells Street verbringen. Hier versuchte ihre Nichte Florence, ihr in ähnlicher Weise Gesellschaft zu leisten wie vorher Carrie. Sie wird uns als »große, schlanke und gut aussehende Frau« von angenehmer Art beschrieben. Sie überließ alle geschäftlichen Angelegenheiten Eva Cleaveland, die täglich kam, sich um die Korrespondenz kümmerte und alle Lieder und Gedichte niederschrieb, die Fanny verfasst hatte. In ihren letzten Jahren reiste Fanny seltener, aber daheim kam sie auch nicht zur Ruhe, denn sie wurde beständig von Besuchern belagert sowie von Journalisten, die über sie zahlreiche Zeitungs- und Zeitschriftenartikel verfassten. Aus diesen Jahren ist uns der umfassendste Eindruck ihrer Gedanken, ihrer Persönlichkeit und ihrer Erscheinung erhalten.

Fanny war mittlerweile körperlich fast ein Skelett, aber durch die verfallende Hülle schimmerte ein Geist, der sie verschönte. Man sagte, dass ihr Lächeln lieblich gewesen sein soll, und alle Berichte erwähnen ihre äußerst angenehme und schöne Stimme. Sie sprach mit dem ländlichen Neu-England-Akzent, der das »r« weglässt und das »o« am Ende wie »er« ausspricht.

Für jemanden, der so zierlich war, war Tante Fanny eine bemerkenswert gute Esserin. Nachdem sie morgens um elf Uhr aufgestanden war, trank sie eine Tasse heißen Kaffee, dann aß sie ein umfangreiches Mittagessen und später ein ebenso kräftiges Abendessen. Sie achtete jedoch genau darauf, *was* sie aß. Sie aß wenig Fleisch, aber dafür große Mengen Eier, Obst und Gemüse. Sie trank viel Kaffee und Tee. Sie war peinlich genau mit dem Haushalt und ihrem Äußeren und besonders mit ihrer Perücke, die »genau richtig« sitzen musste, bevor sie nach unten kam, wie wir von ihrer Großnichte Florence Paine wissen. Jeden Morgen musste ihr jemand aus einer der New Yorker Zeitungen vorlesen.

Während ihrer freien Zeit zu Hause verbrachte Fanny viele Stunden am Klavier im Salon der Booths. Laut Mrs. Paine konnte sie »von einem Extrem ins andere verfallen« – mit einer klassischen Komposition beginnen, zu ihren eigenen Liedern übergehen und mit Ragtime (besonderer Jazzstil) aufhören. Sie hatte Freude daran, »Dinge aufzupeppen«, also alte Erweckungslieder in Jazzstil zu spielen. Sie improvisierte und erfand eigene Kompositionen, aber sie erlaubte niemandem, sie aufzuschreiben. Sie sang gerne; Freunde aus New York berichteten, dass sie bei ihren Singtreffen ausrief: »Öffnet das Fenster und lasst diese Musik zum Himmel aufsteigen!«

Fast an jedem Tag, den sie zu Hause verbrachte, kam ein Strom von pilgernden Besuchern, um die »Heilige« in der Wells Street zu sehen. So viele Menschen wollten sie kennen lernen, dass Eva Cleaveland Termine vergeben musste. Die Leute kamen aus allen gesellschaftlichen Schichten und aus den unterschiedlichsten Gründen. Viele fragten sie um Rat bezüglich der Erziehung oder der Resozialisierung eines blinden Kindes, und dies war besonders schwer für sie.

Die Leute ersuchten sie um Hilfe beim Schreiben von Gedichten, und sie verweigerte nie ihre Hilfe. Einige, die kamen, hatten keinerlei Begabung, aber Fanny erhielt auch Gelegenheit, echte Talente zu fördern.

Eines davon war Blanche Simpson, ein junges Mädchen aus der Nachbarschaft, das einmal pro Woche zu ihr kam. Die Dichterin war beeindruckt von den Versen des Mädchens und tat, was sie konnte, um sie in der Entwicklung ihrer Begabung zu unterstützen. Nach jedem Treffen gab sie Blanche ein Gedicht in einem bestimmten Versmaß oder Stil als Hausaufgabe. Sie beriet Blanche auch in geschäftlichen Dingen und erklärte ihr, dass es Verlage gäbe (nicht unbedingt Biglow und Main), die diejenigen ausnutzten, die ihnen Lieder lieferten. Sie vertraute Blanche an, dass sie gelegentlich von gewissen Personen ausgenutzt worden war, und riet ihr zur Vorsicht.

Viele kamen, um ein Autogramm von ihr zu erbitten; um ihnen gefällig zu sein, lernte sie, ihren Namen zu schreiben. Sie wurde auch von einigen gewissenlosen Leuten besucht, die sich ihrer Kleiderstücke und ihres Schmuckes bemächtigten und die gestohlenen Artikel als Reliquien für sich behielten.

Es gab auch Leute, die sich brieflich an Fanny wandten. Eine invalide Frau in Missouri bat um Geld für Medizin, andere ersuchten um Hilfe bei der Veröffentlichung von Gedichten.

Fannys Tag endete normalerweise um Mitternacht. An den Abenden diktierte sie Antwortbriefe und zog sich dann auf ihr Zimmer zurück, wo sie betete und einige Stunden lang an Erweckungsliedern schrieb. In ihren letzten Jahren schlief sie schlecht und verbrachte viele wache Stunden mit Beten für die Sorgen jener, die sie den Tag über besucht hatten. Sie betete auch für Kirchen und andere christliche Einrichtungen. Bei Tagesanbruch war sie meistens eingeschlafen.

Das, was fast jeder über Fanny Crosby wusste, war die Tatsache, dass sie blind war. Weit entfernt von Selbstmitleid hatte Fanny das Gefühl, dass Blindheit in gewisser Weise ein besonderes Geschenk Gottes war. Sie sagte oft: »Es war das Beste, was mir passieren konnte«, und »Wie in aller Welt hätte ich ein so hilfreiches Leben führen können, wie ich es tat, wenn ich nicht blind gewesen wäre?« Sie war der Meinung, dass sie nie die Möglichkeit einer Ausbildung gehabt hätte, wenn sie nicht blind gewesen wäre. Wäre sie nicht an das Institut in New York gegangen, hätte sie nicht die Kontakte knüpfen können, die ihr die Möglichkeit verschafften, Erweckungslieder für einen landesweit bekannten Verlag zu schreiben.

Sie glaubte sogar, dass das Augenlicht eine Ablenkung sein müsse. Sie schrieb ihre große Konzentrationsfähigkeit ihrer Blindheit zu. Sie war der Meinung, dass ihr Mangel an Sehfähigkeit sie in die Lage versetzt hatte, ein wundervolles Gedächtnis zu entwickeln und ihre Anziehungskraft als Rednerin steigerte, wobei sie ein Band der Sympathie zwischen sich und ihrem Publikum knüpfte, das die Zuhörer empfänglicher machte für die Botschaft des Evangeliums.

Fanny hatte ein sehr gutes Gehör und war sensibel für Zwischentöne und Missklänge. Einmal wurde einem Mann der Besuch bei ihr verwehrt, weil sie schlief, sie aber erwachte und kam aus ihrem Hotelzimmer – einfach nur, weil er den Gang hinabgegangen war und dabei verkehrt gepfiffen hatte.

Viele fragten sich, ob sie Bitterkeit gegen den betrügerischen Arzt hegte, der die Umschläge verschrieben hatte, die ihre Augen verbrannt hatten. Sie sagte dann immer mit freundlicher Stimme: »Beschuldigt *nicht* den Doktor. Er ist wahrscheinlich mittlerweile verstorben. Aber wenn ich ihn kennen lernen könnte, würde ich ihm erzählen, dass er mir unwissentlich den größten Gefallen in dieser Welt getan hat.« Außerdem äußerte sie oft Zweifel, ob auch die beste medizinische Behandlung ihren bereits erkrankten Augen hätte helfen können.

Fanny war der Meinung, das das Fehlen ihres Augenlichts mehr als ausgeglichen wurde durch eine »Seelen-Sehkraft«, die ihrer Meinung nach durch körperliche Blindheit noch verschärft wurde. Sie glaubte, dass sie in die geistliche Welt hineinsehen könne. Offensichtlich war sie sich häufig des seelischen Zustandes der Personen bewusst, mit denen sie zu tun hatte. Sie wusste, wer aufrichtig war und wer hinterhältig, wer böswillig war und wer gutherzig.

Fannys geistliche Beratung war so hilfreich und erbaulich, dass viele Leute sie baten, über ihre Theologie zu schreiben, aber sie sagte: »Ich habe nie viel über Theologie nachgedacht.« Sie hatte kein Interesse an der Theologie im Sinne einer Wissenschaft, bei der der Glaube systematisiert oder philosophisch begründet wird. Sie sah den Ursprung geistlicher Weisheit nicht so sehr im Kopf, sondern im Herzen und in der Seele und in der Gemeinschaft mit Christus. Sie fragte sich nie: »Ist dies rational nachvollziehbar?« oder »Ist dies logisch?« Nein, sie fragte: »Kommt dies von Gott?«

Diese Überzeugungen erlaubten ihr, die konfessionellen Grenzen zu überschreiten. Egal, welcher Kirche sie angehörten, für sie waren die Menschen »Brüder« oder »Schwestern«, solange sie an Jesus Christus glaubten, wie es in der Heiligen Schrift offenbart wird.

Die höchste Autorität in Fanny Crosbys Glaubensleben war die Bibel. Sie erlebte noch die Zeit, als Bibelkritiker die Heilige Schrift auseinander nahmen und sie scheinbar gemäß den Neigungen der menschlichen Vernunft wieder zusammensetzten. Fanny war wegen dieses Phänomens besorgt, denn sie glaubte, dass die Bibel »die absolute Autorität« für das christliche Leben darstelle. Die Vernunft sollte eingesetzt werden, um beim Verständnis der Heiligen Schrift zu helfen, aber die Heilige Schrift sollte nicht dem untergeordnet werden, was ihre Interpreten als rational ansahen. Für Fanny war die Heilige Schrift die absolute »Glaubensnorm«.

In ihren späteren Jahren wurde Fanny häufig nach ihrem Standpunkt im Hinblick auf die Bibel gefragt. Solche Fragen verärgerten sie sehr. »Ich habe keine Zeit dafür, am Heiligen Buch herumzukritteln oder wertlose Fragen zum Wort Gottes aufzuwerfen«, sagte sie dann.

Sie glaubte, dass eine Predigt als ein Zeichen des Himmels gehalten und gehört werden solle und dass die Botschaften von Geistlichen absolut bibeltreu sein sollten. Wenn ein Pastor über Politik oder Dichtkunst predige, dann sei dies Ketzerei, die »dem Wachsen des Königreiches Gottes unter den Menschen mehr echten Schaden zugefügt hat als irgendetwas sonst«.

Für Fanny war das Wesentliche des christlichen Glaubens etwas, auf das die Schrift und die Sakramente nur hinwiesen: eine echte und persönliche Beziehung zu Gott. Fanny kam mit allen ihren großen und kleinen Nöten zu Gott und glaubte fest daran, dass Gott Gebete beantwortet – wenn die Bitte zum Besten des Betenden ist.

Fanny war keine von denen, die annehmen, dass es das Böse im Leben nicht gibt. Sie glaubte an einen realen Satan und dass das Böse in der Welt real sei. Und obwohl Gott das Böse nicht »befiehlt«, lässt er es manchmal zu, damit Gutes daraus entstehen kann. Als Beispiel führte Fanny den Fall ihrer eigenen Blindheit an.

Sie konnte selbst im Leid unglaublich fröhlich sein. Sie wusste, dass es immer einen guten Grund für Betrübnisse gab. Sie zitierte oft Hebräer 12, Vers 6: »Wen der Herr lieb hat, den züchtigt er«, und kommentierte ihn: »Wenn ich keine Sorgen hätte, müsste ich annehmen, dass der Herr mich nicht lieb hätte!«

Viele nahmen an, dass die fröhliche Natur, die sich in Fannys letzten Lebensjahren zeigte, die Konsequenz einer glücklichen Veranlagung war, aber das war nicht unbedingt so. Wir haben erfahren, wie sie in ihren jungen Jahren häufig von Niedergeschlagenheit und Mutlosigkeit heimgesucht wurde, und sogar im hohen Alter gab sie zu, dass »mein Leben knapp an vielen Dingen war, ohne die manche Menschen lieber sterben würden, als sich zu bescheiden«.

Sie hatte gelitten, aber im fortgeschrittenen Alter konnte sie zurückschauen und erkennen, wie gut Gott ihr hindurch geholfen hatte.

Auf die häufige Frage, warum einige ihrer fröhlichsten Erweckungslieder Beerdigungslieder waren, antwortete Fanny: »Seit meiner Kindheit ist der Tod für mich einfach nur ein Sprungbrett zu etwas Besserem gewesen. Warum sollte ich deshalb traurig sein? Ich habe Momente erlebt, in denen es mir fast schien, als ob ich den Himmel erreicht hätte. Könnte ich da weniger fröhlich sein, wenn ich für immer heimkehre?«

Von ihren toten Verwandten sagte sie oft: »Oh ja, es geht ihnen jetzt besser. Sie sind in das herrliche Land hinüber gegangen.« Sie erwartete, sie in jenem herrlichen Land wieder zu sehen. Sie war sich dieses Zieles so sicher, dass sie Lord Tennyson dafür kritisierte, dass er schrieb: »Ich hoffe, meinen Piloten von Angesicht zu Angesicht zu sehen, wenn ich durch die Schranke gegangen bin.« Fannys Korrektur lautete: »Ich *weiß*, dass ich meinen Piloten von Angesicht zu Angesicht sehen werde!«

Ihre Freude war nicht nur eine ruhige und »heilige« Heiterkeit oder eine würdevolle und gezähmte Glückseligkeit, sondern oft eine ungezügelte Fröhlichkeit. Sie wurde als eine sehr lustige Person angesehen. Schon als Kind liebte sie Streiche, und sogar noch im hohen Alter saß ihr der Schalk im Nacken. Ihre Predigten und Vorträge waren durchsetzt mit lustigen Geschichten. Sie war der Meinung, dass man am leichtesten tadeln oder kritisieren konnte, indem man die Leute über ihre eigenen Schwächen lachen ließ.

In der Tat zeigte sie oft ihr Missfallen durch eine humorvolle Bemerkung. Einmal wurde ihr in Phoebe Knapps Heim ein wichtigtuerischer und aufgeblasener Bischof vorgestellt, dessen überbetonte Nüchternheit sie anwiderte. Als sich der Kirchenmann mit einer Entschuldigung verabschiedete, sagte Fanny laut vor allen Gästen: »Um des Himmels willen, Bischof, bleiben Sie nüchtern!«

Sie verabscheute jedoch spöttisches Gerede über heilige Dinge. Einmal bemerkte sie zu Florence, nachdem ein anmaßender junger Besucher gegangen war: »Oh, dass man einen Hammer hätte, um wenigstens eine Beule Ehrfurcht in den Kopf dieses Mannes zu hauen!«

Tante Fanny hatte Kinder immer besonders lieb. Wenn sie in einer Kirche redete, hielt sie meistens zusätzlich zu der regulären Ansprache eine »Kinderpredigt«. Sie liebte es, mit ihren Großnichten und -neffen und den Nachbarskindern zu spielen. Wenn sie in der Stadt war, ließen manchmal Eltern ihre Kleinen in der Obhut von Tante Fanny.

Als sie die Achtzig überschritten hatte, war Fanny als »die methodistische Heilige« bekannt. Die Sozialarbeiterin Ann Cobham, die häufig von Fanny auf ihrem Anwesen in Pennsylvania besucht wurde, stand nicht alleine da mit ihrer Meinung, wenn sie sagte, dass die Liederdichterin »die wunderbarste lebende Person« sei.

»Ich will noch nicht sterben«

»Ich bleibe im Haus, bis das Wetter milder wird«, schrieb Fanny an White während des Winters 1907/1908. Sie ging jetzt im Winter nur selten aus, aber wegen der Ströme von Besuchern, die um Rat und Hilfe zu ihr kamen, war sie weit entfernt von Muße.

Als das Wetter besser wurde, war sie wieder auf und davon. Im März bestieg sie den Zug in Bridgeport und reiste alleine nach New York, wo sie von Phoebe empfangen wurde, mit der sie eine Woche verbrachte.

Bei ihrem jährlichen Bankett wurde sie über ihre mehr als achttausend Erweckungslieder befragt, welches davon sie als ihr Bestes ansehe? Bezeichnenderweise antwortete sie: »Ich habe mein bestes Erweckungslied noch nicht geschrieben.«

Obwohl sie das Gefühl hatte, dass viele ihrer Lieder von Gott für großartige Dinge benutzt worden waren, war sie dennoch der Meinung, dass sie – vom künstlerischen Gesichtspunkt betrachtet – nicht viele großartige Lieder geschrieben hatte. Ihre Leistung war unter Zeitdruck erbracht. Vielleicht konnte sie sich nun, da von ihr viel weniger gefordert wurde, daran machen, ihr großartigstes Lied zu schreiben.

Nach ihrem Geburtstag verbrachte Fanny eine Woche bei einer Methodistentagung in Brooklyn. Eines Nachmittags besuchte sie Ira Sankey; es sollte ihr letzter Besuch bei ihrem geliebten alten Freund sein. Ira lag im Sterben. Seit drei Jahren litt er an einer Krankheit, die ihm große Schmerzen verursacht und ihn bis aufs Skelett hatte abmagern lassen. Als Fanny ihm erzählte, »die gesamte christliche Welt betet für deine Genesung«, schüttelte er seinen Kopf. Er bat Fanny, ihn im Himmel zu treffen, »am Perlentor auf der Ostseite der Stadt«. »Dort«, so sagte er, »werde ich dich an die Hand nehmen und dich die goldene Straße entlang führen bis zum Throne Gottes, und dort werden wir dann stehen . . . und zu Ihm sagen: ›Und nun sehen wir dich von Angesicht zu Angesicht, errettet durch deine unvergleichliche und grenzenlose Gnade!‹«

Nach der Tagung reiste Fanny ab zu einer zweiwöchigen Vortragsreise nach Perth Amboy im Staat New Jersey. Es muss ihr bewusst gewesen sein, dass sie Sankey zum letzten Male gesehen hatte; jedoch konnte sie bei ihrer Verabschiedung von

Phoebe Knapp im Savoy Hotel nicht wissen, dass es auch das letzte Wiedersehen mit ihr gewesen sein sollte.

Von dort reiste sie weiter nach Princeton, wo sie am Karfreitag während eines »sakralen Konzerts« in der presbyterianischen Kirche sprach. Am Sonntag hielt sie die Osterpredigt.

Bevor sie Princeton verließ, stattete sie ihrem alten Freund Grover Cleveland, der mittlerweile schwach und abgemagert war, einen letzten Besuch ab. Sie war zutiefst besorgt um ihn, als sie nach Yale weiterfuhr, wo sie Bert White besuchte. Am Morgen des 25. Juni erfuhr sie, dass Grover gestorben war. Sie tröstete sich damit, dass sie »eine tiefe und warme Freundschaft gehabt hatten, die der Tod nicht zerstören kann, denn die Bande werden bestehen bleiben und wir werden uns dereinst im Lande der Seligen wieder sehen und wieder erkennen«.

Es sollte der traurigste Sommer in Fannys langem Leben werden. Gut zwei Wochen später war sie sprachlos über die Nachricht, dass Phoebe verstorben war. Phoebe, Anfang siebzig und immer noch aktiv und von jugendlichem Aussehen, war in Urlaub gefahren nach Poland Spring im Staat Maine und erlag dort am 10. Juli einem Schlaganfall.

Einen Monat später wurde Sankeys Seele befreit. Am 13. August fiel er langsam in ein Koma, während er die ersten Zeilen von Fannys »Saved by Grace« sang:

Some day the silver cord will break
And I no more as now shall sing,
But, oh, the joy when I shall wake
Within the palace of the King!

Eines Tages wird die silberne Schnur zerreißen,
und ich werde nie mehr singen so wie heute,
aber, oh, die Freude, wenn ich erwachen werde
im Palast des Königs!

Als die Nacht hereinbrach, war er gestorben.

Fanny muss sich ziemlich einsam gefühlt haben. Sie hatte nicht nur die meisten ihrer Freunde in ihrem Alter überlebt, sondern auch die meisten aus der nachfolgenden Generation. Im Gegensatz zu vielen sehr alten Leuten, die sich fragen, warum sie übrig geblieben sind, blieb Fanny im Allgemeinen »fröhlich wie ein Küken«; sicher im Wissen, dass sie letztendlich auf ewig vereint werden würde mit denen, die sie lieb gehabt hatte, und sicher im Vertrauen, dass Gott noch Arbeit für sie auf Erden hatte.

Sie fuhr fort, Erweckungslieder zu schreiben, die meisten davon für Allan Sankey und Charles Gabriel und ein paar für Hugh Main. Für Main schrieb sie ein erfolgreiches Erweckungslied über das vergängliche Wesen des irdischen Lebens mit dem Titel »We're Travelling On«. Es war das letzte ihrer großen Lieder.

Sie hielt auch weiterhin regelmäßig Vorträge bei der Christlichen Union und führte ihre aufmunternde geistliche Tätigkeit durch private Treffen, Briefe, Vorträge und Krankenbesuche fort.

Zu Fannys Lebzeiten hatten in Amerika viele Veränderungen stattgefunden. Sie hatte die Erfindung bzw. die Entdeckung des Telefons, des Telegraphen, der Dampfmaschine, des Grammofons, der bewegten Bilder, des Fahrrads, der Schreibmaschine, der Röntgenstrahlen, des Aufzugs, der Nähmaschine, der Zündhölzer, der Anästhesie, der Mähmaschine, des U-Boots, der Setzmaschine, des Autos, des Flugzeugs und des Radios erlebt. Sie lernte moderne Poesie kennen und sie in gewisser Weise auch schätzen – Poesie ohne Reim und Rhythmus, so verschieden von dem, was sie geschrieben hatte. Sie fand Gefallen an den beliebten modernen Liedern und spielte mit dem Gedanken, noch einmal weltliche Lieder zu schreiben, wie sie es schon fünfzig Jahre zuvor getan hatte. Sie dachte, dass ihre Verse die modernen Lieder »über ihr gegenwärtiges Niveau erheben« könnten.

Tante Fanny war aber höchst beunruhigt über andere Tendenzen, die sich in der amerikanischen Gesellschaft entwickelten: der wachsende Hang zum Materialismus und den beginnenden Zerfall des amerikanischen Heims und der Familie. Sie stimmte nicht mit der Frauenbewegung überein und beklagte, dass die modernen Frauen unbedingt alles Mögliche tun wollten »außer der Arbeit, die daheim getan werden sollte«. Sie setzte hinzu: »Ich mag vielleicht ein wenig altmodisch erscheinen, aber ich habe in Bezug auf diese äußerst wichtige Frage feste Überzeugungen.« Sie war überzeugt, dass die Stärke einer Nation im Leben der Familien begründet sei; wenn das zerbräche, würde es der Nation ebenso ergehen.

Das Zentrum des Heims sollte Gott sein, und Fanny sah mit großer Besorgnis das sinkende Interesse der Amerikaner am Christentum.

In Bezug auf die Bibel erzählte sie: »Als ich ein Kind war, hatte dieses Buch sowohl in den Häusern als auch in der Nation seinen festen Platz.« Die wachsenden Zweifel und der Unglaube im Hinblick auf die Heilige Schrift betrübten sie. »Keine christliche Nation, die das Heilige Buch ignoriert, kann groß sein«, klagte sie. Und Amerika könne nicht bestehen, »wenn die Häupter der Familien ohne Gebete sind«.

Sie war der Meinung, dass auch die Nation von einem Mann des Gebets geführt werden müsse. William H. Taft, ein formaler Unitarier, saß im Weißen Haus. Fanny sagte, dass sie es für unmöglich hielte, dass die Nation mit »gebetslosen Präsidenten« fortbestehen könne. Ohne eine Umkehr zum Glauben seiner Väter habe Amerika keinerlei Zukunft.

Diesen Zerfall sah sie auch im Leben der Kirche, wo die Teilnahme nachließ. Sie war entsetzt über die geringe Anzahl Männer, die an Religion interessiert waren. Sie fürchtete, dass aus der heranwachsenden Generation »nicht genug Männer im Himmel sein würden, um Bass zu singen«.

Innerhalb des Protestantismus gab es Bewegungen, die Fanny erschreckten. Viele moderne Theologen zweifelten die Autorität der Heiligen Schrift an. Fanny war tief beunruhigt über Tendenzen, deren Entwicklung sie unter den Geistlichen beobachtete, und sie regte sich auf, wenn man ihr von den vielen jungen Leuten erzählte, die ihren Glauben auf der Universität und im Predigerseminar verloren.

Fanny nahm jetzt nur noch wenig an Gottesdiensten teil. Ihre seltene Teilnahme ist ein Rätsel. Sie wurde ziemlich gebrechlich, aber dies hielt sie nicht davon ab, die Ostküste auf und ab zu reisen, um Vorträge zu halten. Sie erschien jetzt eigentlich nur noch in der Ersten Methodistenkirche, wenn man sie um eine Ansprache bat. Wenn Freunde sie nach ihrer seltenen Teilnahme fragten, sagte sie: »Ich kann Gott genauso gut hier und alleine anbeten wie in der Kirche.« Aus dem Munde einer lebenslangen Kirchgängerin war dies eine verblüffende Feststellung.

Fanny behielt jedoch ihre Mitgliedschaft bei und arbeitete weiterhin eifrig bei den »Königstöchtern« mit. Sie entwickelte ein wachsendes Interesse am Katholizismus und hielt ihn für eine »gute und starke Religion«, deren inbrünstige Frömmigkeit sie bewunderte. Sie hatte den größten Respekt für Papst Pius den Zehnten, der sich gegen die Tendenzen zum »Modernismus« in den Reihen seiner eigenen Geistlichen und Gläubigen gewandt hatte und bekannt war für sein außergewöhnlich frommes Leben. Die einzige Schattenseite am katholischen Glauben war für sie nicht die Lehre, sondern die Liturgie.

Nicht alle Entwicklungen innerhalb des Protestantismus erfüllten sie mit Entsetzen. Sie verfolgte interessiert die Karriere von Dr. W. A. (Billy) Sunday, der sich in vieler Hinsicht als Nachfolger des lieben Moody erwies. Sie war ebenso begeistert von Dr. J. Wilbur Chapman und seinem »Kirchenchorleiter« Charles M. (Charlie) Alexander, die 1909 eine erfolgreiche multinationale Evangelisationskampagne durchführten. Sie schrieb sogar ein Gedicht zu ihren Ehren.

Im März 1910 feierte Fanny ihren neunzigsten Geburtstag. Sie ging extrem gebeugt, aber sie fuhr fort, zu reisen und Vorträge zu halten und weigerte sich, der Altersschwäche nachzugeben. Sie schrieb an Bert White, dass »ich so beschäftigt bin, dass ich mich kaum an meinen Namen erinnern kann«. Ihre Fröhlichkeit schien eher zu- als abzunehmen. Sie ließ wissen, dass »ich noch nicht sterben will, sondern noch etwa fünfzehn Jahre lang weiterleben möchte, bis ich einhundertfünf Jahre alt bin«. Falls es jedoch ihr himmlischer Vater anders vorgesehen habe, so räumte sie ein, »ist es auch gut«. Sie schrieb ihr langes Leben »Engelwachen« zu, die ihren Appetit, ihr Temperament und ihre Rede überwachten.

Fanny reiste im Frühling 1911 allein nach New York, wo sie als Hauptrednerin bei der »Zelt-, Freiluft- und Ladenkampagne« des Evangelistischen Komitees der Methodistischen Episkopalkirche auftrat. Über fünftausend Leute waren an jenem Tag in der Carnegie Hall, und ein Chor von zweitausend Stimmen sang fast ausschließlich ihre Erweckungslieder.

Fanny wurde in einem Auto vorgefahren. Als sie ausstieg, waren die Teilnehmer über ihre altersschwache äußere Erscheinung so erschrocken, dass einer von ihnen rief: »Um Himmels willen, holt einen Rollstuhl!«

Fannys starke Stimme hielt ihn zurück: »*Ich* brauche keinen Rollstuhl. Ich kann auf meinen beiden Beinen stehen. Meine Stärke liegt im Herrn.«

Im Oktober des gleichen Jahres kehrte sie zum letzten Male nach New York zurück, um Helen Keller zu besuchen, die sie ein Jahrzehnt zuvor kennen gelernt hatte. Nachdem sie einen Tag mit ihrer begabten Freundin verbracht hatte, die sie als eine moderne Prophetin ansah, besuchte Fanny noch einmal die Bowery-Mission und hielt eine Rede. Dann fuhr sie nach Jersey

City, um dort in der Simpson Memorial-Methodistenkirche zu sprechen und Alice Holmes zu besuchen, die – mittlerweile neunzig Jahre alt – schon etwas taub und schwach war. Die beiden Frauen hatten sich seit vierzig Jahren nicht mehr getroffen, aber Alice erkannte Fanny sofort an ihrer Stimme.

In jenem Herbst erkrankte Fanny an Lungenentzündung und alle dachten, dass ihre letzte Stunde geschlagen habe; zu jedermanns Verwunderung – einschließlich ihrer eigenen – erholte sie sich jedoch wieder. Sie sah jetzt so zerbrechlich aus, dass man ihren Tod jederzeit erwartete.

Sie reiste jedoch immer noch von Zeit zu Zeit. Im Februar 1913 fuhr sie mit Florence nach Cambridge im Staat Massachusetts, um dort in der Ersten Baptistenkirche zu reden. Bei einem der Gottesdienste predigte sie vor einem Publikum von über zweitausend Zuhörern.

Jahre später erinnerte sich ein Mann, der damals noch ein Kind gewesen war, an »die kleine, schwarz gekleidete alte Dame, die mit Dr. Campbell hinter dem Lesepult stand und sich von der Welt verabschiedete«.

Ihr dreiundneunzigster Geburtstag fiel auf Ostern, und sie bemerkte: »Falls es irgendjemanden auf dieser Welt gibt, der glücklicher ist als ich, dann möchte ich ihm die Hand schütteln, denn ich bin so glücklich, wie es ein Sterblicher in dieser Welt nur sein kann. Mein Leben gleitet dahin wie ein kleines Boot auf einem ruhigen Strom, und an beiden Ufern blühen Blumen.«

An diesem Abend erschien sie zum ersten Mal seit vielen Monaten wieder in der Ersten Methodistenkirche. George Stebbins war aus Brooklyn gekommen, um sie zu besuchen, und hatte seine Nachbarin Mrs. Jenny Bennett Carpenter mitgebracht, eine blinde Sopranistin. Fanny hatte sie während eines Besuchs in New York vor einigen Jahren singen gehört und war von ihrem Talent beeindruckt gewesen. Nachdem Fanny gesprochen und die Gemeinde gesegnet hatte, sang Mrs. Carpenter »Saved by Grace«. Mittendrin erhob sich Tante Fanny, ergriff ihren Arm und fiel ein. Die Gemeinde war durch den Anblick der beiden gemeinsam singenden blinden Frauen zu Tränen gerührt.

Wie sie in einem Brief an Bert White erzählte, verbrachte Fanny jetzt ihre Zeit mit »jederzeit stricken, es sei denn, Besucher oder wichtigere Dinge kommen dazwischen.«

Sie unternahm einige Fahrten im Automobil und besuchte

einige Freunde, aber darüber hinaus ging sie nur noch selten aus.

Als ihr vierundneunzigster Geburtstag nahte, beschlossen die »Königstöchter«, dass alle Freunde Fannys sie dadurch ehren sollten, dass sie ihre Lieblingsblume trugen, das Veilchen. Hugh Main kümmerte sich darum, dass die Zeitungen über den »Veilchentag« informiert wurden, und eine weitere landesweite Geburtstagsfeier wurde geplant.

Am Sonntag vor dem »Veilchentag« hielt Fanny in der Ersten Methodistenkirche eine Rede, die ihre letzte sein sollte. Die Kirche war voller Menschen. Eine örtliche Zeitung berichtete, dass Fanny »körperlich matt, aber geistig stark« war, »von lebhaftem Wesen und mit einem vertrauenden Glauben an Gott, der so stark ist wie die ewigen Berge«.

Ihre Ansprache befasste sich zum größten Teil mit der Macht des Gebets. Sie sagte, dass das Gebet im Leben des Gläubigen grundlegend wichtig sei. Einige Leute würden annehmen, dass man sich zum Beten hinknien oder eine besondere Haltung einnehmen müsse, aber dies sei verkehrt, meinte sie. »Ich knie nicht zum Beten. Ich habe nicht mehr die Kraft, mich aus dieser Haltung wieder aufzurichten.« Gläubige sollten frei wählen, wo und in welcher Haltung das Beten für sie am angenehmsten sei.

Sie gab mehrere Beispiele für Gebetserhörungen und nannte dabei auch ihre eigene Gesundung von der Lungenentzündung, die sie vollkommen den Gebeten ihrer Freunde zuschrieb. »Ich möchte, dass ihr alle mit allen euren Lasten und eurem Kummer im Gebet zu Gott kommt. Es wird zum Guten führen und er wird auf eure Gebete eher antworten, als ihr glaubt.« Natürlich, so sagte sie, bekomme man nicht immer genau das Gewünschte. Aber man müsse auf Gottes gute Wege vertrauen.

Sie drängte die Gemeinde, in »diesem Zeitalter der Veränderungen am Heiland festzuhalten«. Sie schloss: »Meine lieben, lieben Leute, ich habe euch herzlich lieb, und wenn ich als Erste hinüber gehe zum schönen Ufer, dann weiß ich, dass ich euch alle dort wieder begrüßen werde!« Aber sie fühlte, dass ihr Werk noch nicht getan war. »Ich glaube, dass er noch Arbeit für mich hat. Ich will noch nicht sterben.«

Aber es war jetzt für die meisten und auch wohl für sie selbst offensichtlich, dass sie ihr Ziel von einhundertundfünf Jahren nicht erreichen würde.

Nie mehr wieder Lebewohl sagen

Am letzten Tag im Mai feierten Fanny und Jule wieder einmal den Geburtstag ihrer Mutter in Jules Haus.

Der nahende Tod beschäftigte die beiden alten Frauen stark und Fanny sprach wiederholt von Carrie: »Ich weiß, dass sie mir sehr nahe ist.« Sie beharrte auch auf der »geistigen Gemeinschaft« mit Ira Sankey und sagte, dass es ein großartiger Tag sein werde, wenn sie dereinst in den Himmel käme und wieder »die lieblichen Gesichter« derer erblicke, die sie einst geliebt hatte.

Im August 1914 erlitt Fanny einen leichten Herzanfall. Wieder glaubte sie, dass ihre Zeit gekommen war. Während der Krankheit hatte sie ekstatische Visionen und, als es ihr wieder besser ging, berichtete sie, dass diese die bemerkenswertesten ihres Lebens gewesen waren.

Sie erzählte keine Einzelheiten, sondern nur, dass in einer Vision ein Engel zu ihr gekommen war und gesagt hatte: »Sei getreu, so will ich dir die Krone des Lebens geben« – ein fast wörtliches Zitat aus der Offenbarung des Johannes. Der Engel sagte weiter: »Sei ruhig und werde wieder stark, sobald du kannst, und dann gehe nochmals für den Meister an die Arbeit.«

Fanny erholte sich teilweise, aber die Ärzte sagten Florence, dass ihre Tante nur noch einige Monate zu leben habe. Fanny hieß ihr nahendes Ende mit Freuden willkommen. Sie würde »nur in das herrliche Land hinüber gehen«, und sie erzählte ihren Freunden: »Wenn ich meine ewige Heimat erreiche, werden sie dort zu mir sagen ›Komm herein, Fanny! Komm herein!‹ Dies wird dann der Sieg durch Christus sein!«

Aber wie es der Engel geboten hatte, hatte sie, solange sie noch lebte, »Arbeit für den Meister« zu leisten. Fanny hatte das Gefühl, dass sie zu allererst der Welt noch einige Erweckungslieder schenken sollte, bevor sie ging. In der Tat planten Allan Sankey und Hugh Main ihr erstes größeres Gesangbuch seit zehn Jahren und baten Fanny um Beiträge. In den nächsten paar Monaten schrieb sie ungefähr ein Dutzend Erweckungslieder. »Keep Thou Me« war davon eines der besten.

Im Januar beschloss der gealterte Doane, der an »schleichender Lähmung« litt, bettlägerig war und nur wenige Minuten pro Tag aufrecht sitzen konnte, noch ein letztes Lied zu komponieren. Er benachrichtigte seine alte Kollegin, dass sie die Verse dazu schreiben sollte. Anfang Februar schrieb sie, was sich als ihr »Schwanengesang« erweisen sollte:

At evening time it shall be light,
When fades the day of toil away,
No shadows deep, no weary night,
At evening time, it shall be light.

At evening time it shall be light,
Immortal love from realms above
Is breathing now the promise bright,
At evening time it shall be light.

Am Abend wird es hell werden,
wenn der Tag mit seiner Plagerei verblasst,
keine tiefen Schatten, keine beschwerliche Nacht,
am Abend wird es hell werden.

Am Abend wird es hell werden,
unsterbliche Liebe aus himmlischen Gefilden
atmet nun das strahlende Versprechen,
am Abend wird es hell werden.

Fanny begann, für ihren Tod und ihre Beerdigung Vorbereitungen zu treffen. Sie nahm Florence und Jule das Versprechen ab, dass ihre Gedenkstätte weder ein Marmor- noch ein Granitdenkmal sein sollte, wie es Barnum nahe ihrer Grabstelle für sich errichtet hatte, sondern etwas, was den Menschen nützlich sein würde. Sie hatte verschiedene Vorschläge. Die Christliche Union war ihr wichtig gewesen, seit sie nach Bridgeport gekommen war, und diese brauchte eine Krankenstube. Falls ihre Freunde meinten, dass man ihrer gedenken solle, sollte man einen Sammelfonds dafür einrichten.

Oder vielleicht könnten ihre Freunde auch ein Altersheim einrichten. Obwohl eine junge Familie und junge Freunde ihr eigenes Leben fröhlich gemacht hatten, war sie besorgt wegen der Einsamkeit und Leere im Leben allzu vieler älterer Leute in einer Gesellschaft, in der Kinder zunehmend getrennt von ihren alternden Eltern und Großeltern lebten. Eine ältere Witwe erzählte ihr, dass sie nur dann eine menschliche Stimme hörte, wenn die von ihr angestellte Haushälterin sie zum Essen rief.

Fanny dachte, dass es eine gute Sache wäre, wenn ältere Menschen ohne Familie in einer Gemeinschaft zusammenleben könnten; dies wäre eine angemessene Gedenkstätte für sie.

Oder vielleicht könnte es auch in Form eines Hilfsfonds für ältere Geistliche sein, für die es in jenen Tagen keinen richtigen Pensionsplan gab. Auf keinen Fall jedoch sollte Geld für einen Grabstein oder ein lebloses Marmordenkmal ausgegeben werden.

Fanny bat einen Rechtsanwalt zu sich, um ihren letzten Willen aufzuzeichnen, in dem sie die Hälfte ihres Eigentums Florence vermachte als Dank dafür, dass sie sich so viele Jahre lang um sie gekümmert hatte. Die andere Hälfte sollte Florence für Jule treuhänderisch verwalten; Fanny hatte sich wegen Jules hohem Alter für diese Alternative entschieden. Nach Jules Tod sollte ihr Anteil an Florence gehen.

Am 8. Februar wurde Fanny von einer Gruppe von Missionsarbeitern besucht; sie berichtete aus ihrem Leben und erzählte, dass sie sich besonders mit vier Kategorien von Menschen befasst hatte: mit Eisenbahnern, mit Polizisten, mit Sträflingen und mit Armen. Fanny wiederholte den Missionsarbeitern, was sie ihr ganzes Leben in Bezug auf ihre Blindheit gesagt hatte: »Der Verlust des Augenlichts war kein Verlust für mich.«

Während ihrer letzten Wochen offenbarte Fanny ein seltsames Phänomen. Zahlreiche Besucher bemerkten verwundert, dass ihr Antlitz sichtbar »in hellem Licht« zu erstrahlen schien. Das sichtbare Strahlen wurde bereits 1907 ab und zu beobachtet, aber in ihren letzten Tagen wurde es offensichtlich konstant. Es wurde von den Missionsarbeitern und ebenso von Reverend H. A. Davenport von der Presbyterianischen Volkskirche bemerkt, der sie am 9. Februar besuchte.

Am 10. Februar kam Adam Geibel zu Besuch und die beiden blinden Musiker spielten ein Duett auf dem Klavier. Am nächsten Tag sagte Fanny, dass sie sich nicht wohl fühle und im Bett bleiben würde. Ihr stets so gesunder Appetit hatte sie verlassen. »Morgen wird es mir besser gehen«, sagte sie und schien vor Freude zu strahlen. Den ganzen Tag lang lächelte sie und sagte: »Mir ist so angenehm. Mir ist so angenehm.«

Um neun Uhr an jenem Abend schickte sie nach Eva Cleaveland und bat sie, einen Brief zu einer Nachbarsfamilie zu bringen, die gerade ein Kind verloren hatte. In jenem Brief versicherte sie ihnen, dass »eure kostbare Ruth ›sicher in Jesu Armen‹« sei. Nach Abschluss des Briefes diktierte sie für die Welt ihr letztes Zeugnis:

In the morn of Zion's glory,
When the clouds have rolled away,
And my hope has dropped its anchor
In the vale of perfect day,
When with all the pure and holy
I shall strike my harp anew,
With a power no arm can sever,
Love will hold me fast and true.

Am Morgen von Zions Herrlichkeit,
wenn die Wolken davongezogen sind
und meine Hoffnung ihren Anker
im Tal des vollkommenen Tages ausgeworfen hat,
wenn ich mit allen Reinen und Heiligen
meine Harfe aufs Neue spielen werde,
dann wird mich mit einer Stärke,
der sich keine Macht entgegenstellen kann,
die Liebe fest und wahrhaftig halten.

Henry Booth war in jener Nacht der Letzte im Haushalt, der sich zur Ruhe begab. Als er um halb drei Uhr morgens nach oben kam, schaute er wie immer noch einmal nach Tante Fanny, um zu sehen, wie es ihr ging. Sie war wach, hörte ihn, lächelte und sagte sanft: »Alles in Ordnung, Chef.« Eine Stunde später hörte Florence ihre Tante den Flur hinuntergehen. Sie stand auf, um ihr behilflich zu sein, und traf am Eingang zu ihrem Zimmer mit ihr zusammen. Zu ihrem Schrecken wurde Fanny dort in ihren Armen ohnmächtig.

Florence trug den mageren Körper zurück ins Bett, weckte ihren Mann und ihren Sohn und rief zwei Ärzte. Fanny beachtete die Menschen an ihrem Bett nicht. Das Irdische schien nun, da »der Morgen von Zions Ruhm« für sie anbrach, in den Hintergrund zu treten. Florence und Henry waren beeindruckt von dem Frieden und der heiteren Gelassenheit in ihrem Gesicht.

Der erste der beiden Ärzte erschien am 12. Februar 1915 gegen halb fünf Uhr morgens und erklärte sie für tot infolge einer starken Gehirnblutung. Florence brach in Tränen aus und schluchzte: »Es kann nicht sein! Es kann nicht sein!« Eva Cleaveland jedoch vertraute Bert White in einem Brief an: »Wir hatten Grund zu der Befürchtung, dass sie lange im Koma liegen oder leiden würde oder etwas in dieser Art; deshalb ist es ein Trost, dass sie auf diese Weise gestorben ist.«

Viele Zeugen behaupten, dass Fanny Crosbys Beerdigung die größte war, die Bridgeport jemals erlebt hatte, sogar größer als die von P. T. Barnum. Die Leute warteten in langen Schlangen entlang der Häuserblocks, um an der Totenbahre vorbeizudefilieren. Bei ihrer rechten Hand befand sich die kleine seidene Flagge, die sie immer bei sich getragen hatte. Auf dem Sarg waren auf Jules Wunsch die Worte *Meine Schwester* eingraviert. George Stebbins, Allan Sankey und Hugh Main waren gekommen. Die Kirche war voll der Blumen, die Fanny geliebt hatte. Der Chor sang ihr Lieblingslied: »Glaube unserer Väter« von Heber. Pastor Davenport predigte sehr ausführlich, dann sang der Chor »Sicher in Jesu Armen« und »Saved by Grace«, während viele ihren Tränen freien Lauf ließen.

Dr. Brown sagte in seinem Nachruf: »Ihr seid gekommen, um einer Freundin die Ehre zu erweisen und sie zu krönen. Es muss ein königlicher Empfang gewesen sein, als diese Königin des Kirchenliedes die Fesseln des Todes abwarf und in die himmlische Herrlichkeit einging.«

Poetische Huldigungen wurden verlesen. Als die Trauergemeinde der Reihe nach hinausging, erhielt jeder ein Veilchen. Beim Defilee am Sarg ließen die Trauernden die Veilchen hineinfallen, bis es aussah, als ob Fanny in einem Bett aus Veilchen schliefe.

Der Rest von Fannys Freunden starb dahin. Am Weihnachtsabend erlag Doane im Alter von vierundachtzig Jahren einer Lungenentzündung. Drei Tage später erlitt Allan Sankey einen Herzschlag – eine Woche nach seiner Hochzeit mit der Witwe Anna Underhill Neighams. Eliza Hewitt verstarb nach einer größeren Operation im April 1920. Im folgenden Jahr starb Kirkpatrick an einem Herzschlag, während er gerade ein Erweckungslied schrieb. Hugh Main setzte sich zur Ruhe; seine Firma verschmolz mit der Hope Publishing Company in Chicago, und er starb im Oktober 1925 im Alter von sechsundachtzig Jahren.

George Stebbins lebte in Catskill im Staat New York; er komponierte auch weiterhin und vertonte mindestens eines von Fannys unbekannten Gedichten. Er verschied im Oktober 1945, vier Monate vor seinem hundertsten Geburtstag.

Von Fannys Familie starb Jule im Januar 1921 mit achtzig

Jahren an Krebs; sie war Fannys letzte direkte Blutsverwandte gewesen. Florence Booth verstarb 1935 und ihr Ehemann Henry 1946. Adelbert White starb 1951 nach einer bemerkenswerten Karriere an der Universität von Nebraska. Eva Cleaveland, ihre treue Sekretärin, lebte bis 1956 in Bridgeport.

1920 eröffnete die Christliche Union anlässlich von Fannys einhundertstem Geburtstag eine Krankenstube in Erinnerung an ihre Wohltäterin. Zwei Jahre später wurde in Bridgeport eine Villa mit achtundzwanzig Zimmern als »Fanny-Crosby-Gedächtnis-Heim« für alte Männer und Frauen gestiftet.

Bis 1955 war Fanny Crosbys Grab nur durch eine winzige Marmortafel mit der Inschrift *Tante Fanny* und den Worten »Sie hat getan, was sie konnte« gekennzeichnet. Sogar dies war mehr, als sie erbeten hatte. Am 1. Mai jenes Jahres jedoch wurde eine große Marmorplatte auf ihrem Grab aufgestellt, denn die Bürger von Bridgeport hatten entschieden, dass »der relativ unauffällige Markierungsstein mit einer nur vagen Bezeichnung« ohne Würde war.

Die neue Inschrift endet mit einem Vers ihres berühmten Erweckungsliedes:

Seligstes Wissen: Jesus ist mein!
Köstlichen Frieden bringt es mir ein.
Leben von oben, ewiges Heil,
völlige Sühnung ward mir zuteil.

Lieder von Fanny Crosby

O Gott, dir sei Ehre
(Ich will dir danken, Nr. 12)
Preist ihn! Preist ihn! Jesum, den treuen Erlöser
(Ich will dir danken, Nr. 26)
Gehe nicht vorbei, o Heiland
(Reichslieder, Nr. 178)
Seligstes Wissen: Jesus ist mein
(Reichslieder, Nr. 237)
Einzig dich, mein Herzensheiland
(Reichslieder, Nr. 277)
Sicher in Jesu Armen
(Reichslieder, Nr. 317)
Ich bin dein, o Herr, ich vernahm dein Wort
(Reichslieder, Nr. 425)
Suche vom Grabesrand Seelen zu retten!
(Reichslieder, Nr. 535)
Jesu zieh zum Kreuze mich
(Liedermappe Sammlung geistlicher Erweckungs- und Erbauungslieder für Gitarrenchöre)
Aus Erbarmen nimm mich Armen
(Jesu Name nie verklinget, Band 1, Nr. 57)
Sprich ist es wahr, dass sich ein Strom
(Jesu Name nie verklinget, Band 1, Nr. 60)
Komm doch zur Quelle des Lebens
(Jesu Name nie verklinget, Band 2, Nr. 350)
Fass meine Hand! Ich bin so schwach
(Jesu Name nie verklinget, Band 2, Nr. 513)
Gott wird dich tragen
(Jesu Name nie verklinget, Band 2, Nr. 539)
Christen, auf zu dem Werk
(Jesus unsere Freude, Nr. 539)
Herr, mein Heiland und mein Hirte
(Jesus unsere Freude, Nr. 518)
Jesus führt mich allerwegen